浅谈高校图书馆工作

谢薛芬 著

浙江工商大学出版社
ZHEJIANG GONGSHANG UNIVERSITY PRESS

图书在版编目(CIP)数据

浅谈高校图书馆工作 / 谢薛芬著. —杭州：浙江
工商大学出版社，2018.6(2019.2 重印)
ISBN 978-7-5178-2652-1

Ⅰ. ①浅… Ⅱ. ①谢… Ⅲ. ①院校图书馆－图书馆工
作－研究 Ⅳ. ①G258.6

中国版本图书馆 CIP 数据核字(2018)第 056312 号

浅谈高校图书馆工作

谢薛芬 著

责任编辑	王　英　罗丁瑞
封面设计	林朦朦
责任印制	包建辉
出版发行	浙江工商大学出版社
	（杭州市教工路 198 号　邮政编码 310012）
	（E-mail:zjgsupress@163.com）
	（网址:http://www.zjgsupress.com）
	电话:0571－88904980,88831806(传真)
排　　版	杭州朝曦图文设计有限公司
印　　刷	虎彩印艺股份有限公司
开　　本	880mm×1230mm　1/32
印　　张	5.875
字　　数	150 千
版 印 次	2018 年 6 月第 1 版　2019 年 2 月第 2 次印刷
书　　号	ISBN 978-7-5178-2652-1
定　　价	30.00 元

美国罗格斯大学布西校园的
亚历山大图书馆

美国新泽西州爱迪生社区图书馆

罗格斯大学华裔教授办公室

英国国家图书馆大门

英国国家图书馆内

英国剑桥大学校园一角

大英博物馆文物

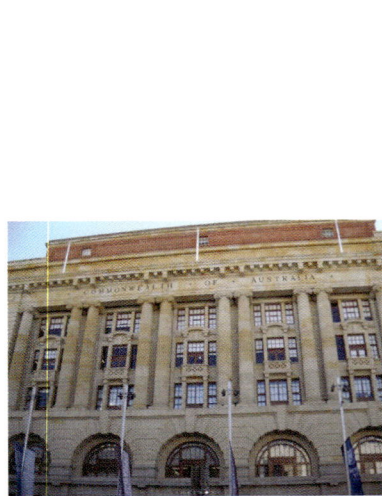

澳大利亚西澳科廷大学一景

序　言

从我 2002 年进入浙江传媒学院图书馆工作,至今已整整 15 年。我从当初的极度迷茫、深深地陷入矛盾到今天的热爱、痴迷,其中的经历和转变令人难以忘怀。刚接触高校图书馆工作,觉得新鲜、陌生。从表面上看,高校图书馆工作比较清闲、轻松,但在实际工作中,我渐渐发现图书馆的工作非常重要,它与教学一线的教师和科研人员一样,承担着培养人才的重任。一天的工作结束后,我习惯性地会对当天工作进行总结、反思,探索将图书馆工作做得更好的途径。业余时间我喜欢读一些有关图书馆工作的专业期刊,通过学习,我进一步厘清了思路,增加了对工作的兴趣。论文《谈图书馆搬迁工作》源自图书馆的普通工作,虽然普通,但深深触动了我的心灵,我觉得应该把我的工作体会和感受写出来,以激励、鞭策自己今后的工作。因此,针对平时的工作,结合相关的理论,我至今已撰写了 20 多篇论文,还主持、参与了与高校图书馆建设相关的省级、校级课题研究,从中体会到做好图书馆工作的乐趣,感悟到图书馆建设对高校发展的重要意义及自己对图书馆事业的由衷热爱。

最近几年,爱人在澳大利亚、英国、美国等地访学,我有幸参观了世界一流大学的图书馆,从中使我进一步认识到高校图书馆对高校人才培养的重要性,也使我对高校图书馆的定位和服务职能有了更清晰的认识。在澳大利亚科廷大学,我感受到该校图书馆员工对自己工作的敬业和热爱之心,也了解到该校图书馆建设的特色与育人宗旨。在美国的三个多月,我重点调研了罗格斯大学(新泽西州立大学)和普林斯顿大学图书馆,特别令人印象深刻的是,世界一流大学图书馆在学校和人才培养中所承担的角色和发挥的重要作用。文章《外国大学图书馆对我国高校图书馆建设的启示》《外国图书馆与我国图书馆比较与思考》道出了自己许多的感悟。世界一流高校对中国高等教育带来许多新的启示,也对我国高校图书馆的建设和发展带来诸多思考。

本书粗略将相关文章分为三个部分。第一部分"发现·求索"篇,基于自己最初对图书馆工作的认识和总结。有些工作看似平常,但就是这些平常的工作常常令自己在工作之余不断反思,如结合自己在全国各地相关高校、浙江省内高校图书馆的学习,引发了对传统高校和艺术院校图书馆建设的思考。针对艺术院校的发展特色,提出了对艺术院校图书馆馆藏建设和发展虽若干思考;同时,日常的工作实践也经常引发自己对图书馆"服务育人"的深层次思考。第二部分"发展·规划"篇,紧密围绕学校的发展,探索图书馆在艺术类高校发展中好的做法及存在的问题。结合学校发展,针对传媒特色,传媒学院与院系图书资源进行了共享共建的尝试。这应该说是校、院图书资源发展的一大特色,共享共建针对性强,实现了灵活管理,有效地促进了院系图书资料的建设与发展,同时也较好地推动了校图书资源的建设与管理。工作中,我认真遵守图书馆图书编目、整理归档的相关规范,要求各院系参照规范执行;同时,我也发现了各院系图书资料建设的特色,并在与各院系图书资料员的共同探索中发现了需解决的若干问题,探讨了若干对策。历时两年多的实践使我印象深刻,令我终生难忘,便欣然写下《浅谈高校图书馆与院系资源整合共建共享》一文,记录下切身的感悟,勉励自己不忘这段有意义的岁月。又如,浙江传媒学院的学科馆员与学科馆员制度也颇具特色,对促进学校的学科建设和发展具有重要意义,也有利于促进学科带头人和负责人的快速成长。图书馆做好针对性、专业性的服务显得非常重要。工作实际中的许多探索经历和感悟也使自己难以忘怀。第三部分"展望·未来"篇,聚焦网络快速发展的今天,大数据、数字化图书馆的探索与建设,在全球化过程中关注国外图书馆的建设成就和发展理念是对我国大学图书馆建设与发展的启示。互联网的普及使得个性化服务在移动图书馆中的建设成为人们关注的焦点,因此其智能终端的创新探索显得尤为重要;网络环境下海量信息充斥,信息素养、媒介素养是人们谈论的热门话题,结合我校开展的对媒介素养的研究,我觉得非常有必要讨论高校图书馆员应具备的媒介素养理论及对实践工作的指导意义,因此专门撰写了《浅谈媒介素养教育在高校图书馆中的作用及意义》一文。在世界一流大学图书馆的学习和体验,拓宽了视野,增长了见识,使自己对图书馆工作和大学图书馆馆员的角色有了进一步的认识,也对未来高校图书馆的建设与发展充满期待。因此,文章中的简单几笔寄托了自己的无限遐想。

本书在写作中得到了浙江传媒学院图书馆阮海红馆长和相关同事的大力支持,在此对他们表示衷心的谢意。同时还要感谢浙江传媒学院图书馆老馆长王志华老师的不断鼓励,王馆长对本书的写作提出了宝贵的建议和指导,在此表示衷心的感谢。同时,还要感谢浙江工商大学出版社对本书的出版提供的指导和帮助。由于本人水平有限,时间仓促,书中尚存在一些不足和缺陷,殷切希望专家与老师提出宝贵意见。

谢薛芬

于浙江传媒学院图书馆

2018 年 1 月

目　录

第三篇　展望·未来

第一篇　发现·求索

关于现行传统图书馆发展中
所出现的一些现象的思考①

【摘　要】笔者对当前图书馆出现的各种现象进行了分析和归纳，总结出五种需要我们思考的问题。这五种问题相互联系和影响，同时也预示了图书馆未来的发展方向。

【关键词】图书馆；发展探索；与时俱进

当下知识经济、网络经济就如一股春风扑面而来，深感春意荡漾。人们用满腔的热情和殷切的期望去享受和拥抱它们所带来的快乐和财富。人们从来没有像现在这样重视知识，崇尚网络。知识经济、网络经济所产生的效应是前所未有的、难以想象的。这股春风所到之处就会催生新观念、新事物，激活新生命、新动力。

笔者这段时间翻阅了近两年来的多种图书馆方面的专业杂志，发现在知识经济、网络经济的影响下，图书馆界也出现了一些值得关注的新现象、新问题，这种现象和问题或许还未被人们所重视，但它们的确在影响着人们的工作方式和思维方式，犹如雨后春笋，蓬勃发展，势不可当。正如马克思主义哲学所说的，事物

---

① 写于 2008 年 9 月。

必将经历"量变到质变"的过程。我想一旦条件成熟,时机到来,这些观念的发展和问题的解决肯定会给图书馆事业带来质变。下面就把本人所归纳的问题和现象提出来,供同行们指正,提出宝贵建议。

1. 高校图书馆管理体制的变化

长期以来,我国图书馆管理体制都是国有事业性的行政管理体制,用人制度、财务制度、经费来源都是由政府来决定的。无论是公共图书馆还是高校图书馆都是事业编制的单位。但在知识经济、网络经济发展的今天,这种单一的行政管理体制开始有了变化,出现了民办、私有的图书馆管理体制。民办的典型例子就是山东济宁科教图书馆。该馆于 1989 年 11 月由下岗职工潘跃勇创办,现馆内藏书 30 余万册,各类报刊 300 余种,音像资料 3 万余套,固定读者 1 万人,已经发展成拥有北京科教图书馆总馆、山东 10 家分馆、总营业面积超过 70000 平方米的图书馆集团,初步形成了较为成熟的图书馆整合营销、内部管理、软件支持经验,并制订了雄心勃勃的发展计划——以北京科教图书馆为中心,以特许加盟的方式发展全国连锁馆,做中国第一的民办图书馆,形成集书刊与音像借阅、零售、出版策划、教育培训于一体的多元化文化事业集团。

早期我国宁波天一阁就是私家藏书楼,是现存最古老的民间图书馆,藏书量达 7 万多卷。近年来,也有部分名人、艺人建私家图书馆,湖南卫视某艺人书馆,馆藏数量也很大。因此,部分省、市也相应出台了有关私立图书馆管理办法和条例。如 2002 年 11 月 1 日正式施行的《北京市图书馆条例》第十一条规定:"本市鼓励自然人、法人和其他组织兴办图书馆或者以捐赠资金、文献信息资料、设备等形式资助图书馆事业的发展。"湖北、四川、广州等省也相继出台了这方面的条例和管理办法。

与此同时，随着近年来民办教育的快速发展，各类民办学校在兴建的过程中少不了要建图书馆，而这些图书馆的管理体制恰恰又与民办学校一致，属民办的性质。

第三种是半公半私的管理体制。既有学校经费、政府投资，又有民营企业和其他社会力量的投资。新建的温州大学图书馆就是一个典型的例子。前不久笔者接待了到访的温州大学图书馆领导一行，在谈到温州大学图书馆管理模式时，该领导介绍由于新建的温州大学是在老温州大学（民营）和温州师范学院（公办）的基础上建设起来的，其学校管理体制是董事会领导下的校长负责制，因此新建的温州大学图书馆管理体系肯定与传统的管理体制不一样，必将打破传统的管理理念和人事分配制度，采用因岗设人，评聘分离的制度，可以更加突出图书馆的服务功能和工作效率，更加重视图书馆的社会效益和经济效益。

总之，上述三种形式的管理体制，无论是公立的、民办的还是半公半私的，其共同特点就是在各自管理体制的运行下，图书馆会更具活力，工作人员的积极性和创造性会得到进一步发挥。这种新型的管理体制和管理理念迟早会被注入整个图书馆管理体制的改革中，成为各个图书馆效仿和引进的模式。

2. 图书馆功能的拓展

在谈到高校图书馆的功能时，多年来，业内人士往往会想到它的收藏功能、传播功能和教育功能。不同图书馆的这些功能在高校图书馆发展的各个阶段都发挥了积极的作用,对社会都做出了很大的贡献,在当今的社会仍发挥着积极的作用。但随着人类社会的发展,尤其是进入新时代,图书馆在人们日常生活中的地位越来越重要,图书馆的功能也开始发生了变化。

其一,当你走进一些高校图书馆的大厅,你会发现,随着传统卡片式目录检索功能的消失,目录大厅的空间逐渐被一些供检索用的电脑和休闲沙发替代,而出纳台或是被用作咨询台,或是被用作提供读者喝咖啡饮料的服务台;更有一些新建的高校图书馆,在大厅内设有休闲场所和小卖部,可供读者喝茶闲谈。

其二,随着计算机网络技术的普及,有条件的高校图书馆基本建立了电子阅览室或多媒体阅览室,由于图书馆所提供的优雅的环境和良好的服务,读者既可以通过计算机网络寻找各自所需的信息,又可在网上点播视听节目,或与人聊天,或玩网络游戏,因此,图书馆又变成了读者常去的休闲之处。

其三,由于传媒业的发展,电子资料也成了高校图书馆所收藏的资料,为了满足不同读者的阅读需求,不少图书馆也相继建立了视听阅览室。读者可以在视听阅览室内欣赏到世界各国的影视大片和名片,欣赏一流的名歌名曲及其他的音像资料。

以上所列举的三种现象表明,如今高校图书馆除了继续保留其传统的功能之外,它的另一个新的功能也在慢慢地凸显,这种新的功能就是高校图书馆的休闲功能。这一新功能是高校图书馆在社会发展的新的历史条件下产生的。研究其原因有以下几方面。

第一,高等教育的大发展改变了传统的教育模式,即作为精英追求的唯一目的,变为一种生活的手段和生活的方式,继续教育、终身教育越来越成为人们生活的时尚和生活的方式。人们开始追求一种宽松、高雅、有品位的生活方式。大学生活也不再是一味地埋头啃书本,人们需要在紧张的学习环境下有一些休闲方式,有更多的交流,这就导致不少新建的大学图书馆内出现各种休闲的场所,如书吧、咖啡吧等。

第二,在知识经济的时代,人们在高校图书馆除学习和查找有关信息资料外,还可以上网聊天,玩一下电子游戏放松放松,也可以观看新上映的影视剧作,何乐而不为呢。

第三,由于电子文献的大量涌现,高校图书馆在收藏纸质文献的同时,也不得不收藏一定数量的电子文献,而且需要给读者提供阅读电子文献的机会和场地。VCD、DVD 及 CD 等视听阅览室也应运而生。

3. 图书馆形态的变化

英国图书馆学家苏顿(S. Suton)认为,从传统图书馆到数字图书馆的连续变化中存在四种图书馆形态,即传统图书馆、自动化图书馆、复合图书馆和数字图书馆。苏顿对图书馆形态的划分可以说是以图书馆服务手段或图书馆技术手段为标准的。复合图书馆的提出是因为人们还未进入数字图书馆阶段,是自动化图书馆转向数字图书馆的过渡阶段的图书馆形态。复合图书馆又称混合图书馆,即现代图书馆和数字图书馆的混合。这种观念目前已普遍得到图书馆理论界的认可。

比较自动化图书馆与复合图书馆,除了办公手段、服务手段以外,后者更注重网络化、数字化。从绝缘网、局域网到互联网,做到网网相接,户户可用;从分编本馆图书资料的标准化、数字化到使用网上资源和数据库,做到各取所长,资源共享。

20 世纪 80 年代末期,当人们刚刚迈入现代化图书馆的时候,就有人预言,21 世纪人们将进入图书馆数字化阶段,图书馆将会出现"三无"现象,即无纸本图书、无读者和无管理人员,人们都将在自己的办公室或家里的电脑上随时查看所需的文献资料。据说,当时国外就有人试图建造这样的图书馆。在时隔 30 年的今天,人们发现真正的数字化图书馆、移动智能图书馆近在眼前。人们可以随身携带一部手机通过 Wi-Fi 随时随地地阅读,下载资料、文献、电影等。人们也可通过计算机网络查阅大量资料。但是从印度洋发生的那场灾难性的海啸事件中,我们可以看到,一旦出现不可预见的灾难,现代化技术便失去往日的优势而传统的媒介往往又显现了它的优越。

复合图书馆是自动化图书馆发展之必然,是图书馆从自动化向数字化转型的阶段,任何事物的发展都有一个延续的过程。在复合型图书馆向数字化图书馆的转型过程中,我们应做好各方面的准备,包括观念上的、技术上的、人员上的,以适应复合图书馆及数字图书馆发展的需要。

4. 馆员角色的转变

复合图书馆阶段,由于服务手段的变化,计算机网络技术的不断更新,人们的管理理念和服务观念也发生了变化,图书馆馆员在此阶段所扮演的角色和发挥的作用也发生了变化,过去图书馆管理人员常被称为咨询员、辅导员、管理员,而现在被称作信息素养师、网络导航员、知识管理员和学科馆员等。

信息素养是一个复合概念,它包括了信息意识、信息能力、信息道德和信息文化。在当今的信息社会中，人们获取信息如同衣食住行一样，成为人们日常生活之必须。信息素养的教育不仅在中小学，有的地方甚至在街道居民区也开展这方面的教育。由于图书馆在社会中所处的地位和作用，图书馆馆员也将在信息素养教育中发挥重要作用：①培训用户。培养和提高人们获取信息、加工处理信息、吸收并创造信息的能力，培养人们进行信息交流的能力。②阅读督导。既有传统意义的读书，又有现代化意义的读书，但更重要的是学会在网上阅读和学习。③指导组织学习。主要是指导在网上知识共享意义上的学习。

随着计算机网络技术在图书馆的应用，网上信息资源给读者带来越来越多的实惠和方便，读者越来越依赖图书馆的服务，越来越感到各种各样的数据库就像浩如烟海的知识海洋，他们有时会不知所措，无从下手，不知应该如何寻找自己真正所需要的信息。而此时图书馆馆员的作用就在于：①熟悉各专业和重要的网络平台及本馆的数据库，充当网上资源与用户的中介；②提供网上信息发布和信息推送服务；③提供网络信息资源组织和网上信息的智能化的检索；④研究个人、团体与社会的信息需求，开展个性化信息服务；⑤进行网络信息资源的评价。

20世纪80年代后期，国内就试图把图书馆学的理论基础定位在知识交流论中，这种说法在当时图书馆界曾风行一时，但没有人继续深入系统地阐述。到20世纪末也有人预言，21世纪是一个知识经济到来的时代，知识成了可以取代土地、资金、设备等企业原本赖以竞争的要素而备受世人注目。作为知识交流集散场所的图书馆同样越来越受到人们的重视，知识组织学、知识交流学和知识管理学等在图书馆界也成了热门话题，由此产生了对图书馆馆员的重新定义——知识资源管理员。其主要作用在于：①开发利用知识资源，提高知识资源的效用；②引导知识资源的生产和传播，有效地实现知识资源的营销；③熟悉知识人力资源，善于发现隐性知识，组织虚拟知识库；④熟悉各种载体的文献、数据库和网上资源的知识产权，确认作品的合理使用并保护知识产权。

尽管当今社会科学技术日新月异，新知识层出不穷，而在海量的知识面前，人们有时想寻找某一方面的知识资源时会感到困惑和迷茫，但是我们知道知识本身有其内在的必然联系，是可以分门别类的。高等院校是知识资源利用和开发最为集中的地方，作为高等院校图书馆的工作人员应该懂得如何对各种知识资源进行分类和排列，如何满足读者对知识资源的需求，学科馆员的概念正是在这样的背景下提出的，这也是近几年高校图书馆界谈论的热门话题。可以说学科馆员是高校图书馆知识资源管理员的细化。作为学科馆员，他必须具备：①计算机网络技术的运用能力；②熟悉某类或某几类的馆藏资源和网上资源；③熟悉某个或某些学科知识，为相关读者提供深层次的、有针对性的服务；④良好的信息素养和奉献精神，还要有热爱读者之心。

5. 图书馆联盟的形式

所谓图书馆联盟，是指几家图书馆通过协议方式联合起来，一起完成文献资源的共建共享工作。这种联合共建方式的形成需要一个过程。起初是较少的几家图书馆，经过一个时期的合作，经验逐步积累，制度逐步建立，条件开始成熟，再发展其他更多的成员来加盟。较成功的例子如香港的大学图书馆长联席会

（JULAC）。它里面有一个专门的机构——合作发展委员会
（CDC）。该机构成立于1999年5月,当时只是特别工作小组,后
来逐渐发展成由两位JULAC委员做主席,JULAC的成员图书馆
各派一名代表组成的委员会。CDC主要负责对外谈判方面的工
作,如购置数据库、技术转让等,其他所有共同批准的资料均由每
个图书馆自己的资金解决,也包括诸如存取数据等方面的问题,
这样做使其成员可以用较少的钱,买到它们所需的大量资料。在
这里有两点是需要特别强调的:①图书馆联盟是图书馆之间的合
作组织。②这种合作是建立在合同或协议基础上的合作,而不是
不加任何制约的松散的交流型的合作。

　　图书馆联盟的形成是由各图书馆共同利益所驱使的,主要
有:①共享资源的因素。建立图书馆联盟最主要的目的是获得各
图书馆之间可以共享联盟成员之间的各种资源,包括文献方面和
技术方面的资源。这种资源是广泛的、多层次的。②经济因素。
在知识经济时代,一方面知识爆炸,技术更新快,各种出版物飞速
增长,另一方面图书馆面临读者需求增加而图书经费有限或相对
减少的情况,这种经济压力迫使图书馆必须充分利用有限的财政
资源,广开门路,减少支出。加入图书馆联盟是一种较好的减少
开支的方式。③技术因素。电子出版物网络技术和通信技术的
快速发展,既给图书馆带来了方便,也给图书馆带来了压力和挑
战。这些压力和挑战主要来自技术方面,图书馆没有一定的技术
支撑,这些新的服务项目就无法展开,尤其是一些中、小型图书
馆,出路只有一条,那就是加入图书馆联盟。

　　我国图书馆联盟起步较晚,20世纪末在国家财政的扶持下,
以国家项目的形式产生了中国高等教育文献保障系统、江苏省高

等教育文献保障系统等联盟。近几年,随着社会经济技术的快速发展和人们需求的提高,图书馆联盟肯定会进一步扩大。

以上谈到的五个方面的问题,是有密切的内在联系的。首先,这些变化都来自当今知识经济社会的快速发展,来自科学技术的日新月异。其次,这些变化来自读者人群的变化和需求的提高。再次,图书馆发展的内在需要,要求高校图书馆要跟上时代前进的步伐,与时俱进。要满足日益增长的读者需求,就必须更新观点,进行内部调整和改革,这种改革必然会涉及管理体制、管理人员以及服务方式。最后,来自图书馆外界的压力和挑战,这种压力和挑战导致图书馆形态的变化和联盟的形成。

总之,21世纪对图书馆来讲是具有挑战意义的。印度图书馆学家阮冈纳赞说过:图书馆是一个生长着的有机体。相信只要我们早做准备,就一定能迎接挑战,完成历史赋予我们的光荣使命。

参考文献

[1] 吴建中. 21世纪图书馆员的使命[J]. 图书馆杂志,1999,18
(3): 22-24.

[2] 杨卫东,郭玮. 未来图书馆发展趋势探讨[J]. 图书馆建设,
2004(2):15-16,21.

[3] 顾敏. 知识管理与知识领航:新世纪图书馆学门的战略使命
[J]. 图书馆情报工作,2001,45(5):7-12,16.

[4] 黄宗忠,王晓燕. 论复合图书馆与图书馆发展趋向[J]. 图书馆
论坛,2002(5):6-11,21.

[5] 杜也力. 谈大学图书馆"学科馆员"制度[J]. 大学图书馆学报,

2002,20(1):46-51,91-92.

[6] 朱晓华.在合作中生存发展:论图书馆联盟[J].图书馆情报工作,2004,48(7):6-12.

[7] 戴龙基,张红扬.图书馆联盟——实现资源共享和互利互惠的组织形式[J].大学图书馆学报,2000(3):36-39.

艺术院校图书馆馆藏书建设现状及发展思考①

【摘　要】高校图书馆藏书存在结构不合理的现象。加强图书馆建设是高校提高办学质量,为社会提供服务的重要基础。图书馆的馆藏建设实现信息资源共享,突出馆藏特色,提高馆藏质量是解决高校图书馆馆藏建设与发展问题的有效途径。

【关键词】高校图书馆馆藏;馆藏建设与发展

中华人民共和国教育部颁布的《普通高等学校图书馆规程》规定:"高等学校图书馆是学校的文献情报中心,是为人才培养和科学研究服务的学术性机构,是学校信息化建设的重要组成部分。"其主要任务之一就是为院校的教学和科研工作提供文献保障。各个高等学校的办学方针、培养目标各不相同,这就决定了各个高等学校图书馆的办馆方针、服务对象和发展目标也不一样,决定了各个图书馆在藏书建设方面,特别是藏书结构方面应有自己的特色。只有这样,图书馆才能更好地为本校的教学和科研服务,才能真正地发挥其情报和教育职能。

浙江传媒学院初建于 1984 年 10 月,是一所广播电视高等专科学校。2004 年 5 月,经教育部批准,在浙江广播电视高等专科

---

① 写于 2010 年 11 月。

学校的基础上筹建浙江传媒学院。素有"北有北广，南有浙广"美誉的浙江传媒学院，当时在校学生有 600 余人，教职工 150 余人；全校共有三个系、八个专业及两个专业方向。学校办学的主要任务是培养广播电视方面的专业人才。根据我校的实际情况，按说在藏书结构方面应该突出新闻、播音、广告、摄像、录音等学科方面的文献资料优势。也就是说，图书馆收藏广电专业的文献资料应在整个藏书结构中占较大的比例，但事实恰恰相反。近年来，学校依照省委指示大量引进国内外优秀人才，充实教师科研队伍。而今学校开设有电影学院、电视艺术学院、新闻与传播学院、新媒体学院、电子信息学院、动画学院、播音主持艺术学院、国际文化传播学院、文学院、音乐学院、管理学院、设计艺术学院、文化创意学院、马克思主义学院、公共艺术教育部、大学外语教学部、大学体育教学部、创业学院。学校师资队伍壮大，教职工千余人，正高百余人，博士达百人。有 7 名教师享受国务院特殊津贴，有 6 名省级中青年学科带头人。然而，由于我校资金紧张，我馆藏书远远达不到教育部规定的在校学生人均 100—150 册书的馆藏量。所以近几年来，采编人员不分节假日马不停蹄地采集书，搜集文献，还动员教师无偿、不定期地捐书。学校现已拥有电子版图书 30 余万册，纸质图书 50 万册，音像资料 1.5 万余件，目前生均 56.45 册（件）。馆内还建有文献检索室、视听室、电子阅览室、名人访客室等。我校办学优势明显，特色突出，校图书馆已成为学校文献中心。

　　我校在短短十几年的发展中，发展速度之快不可思议。我馆在藏书结构方面存在着严重的不合理现象。造成这种现象的原因是多方面的，归纳起来有以下几方面。

第一,馆领导层变动频繁。学校建校 10 年,图书馆主要负责人换了五次。领导层的频繁变动必定会给图书馆的各种工作带来不稳定因素,从而造成整个高校图书馆的业务工作出现不连接、不延续的情况,同样也会给藏书建设发展带来不良影响,造成藏书体系不完整,藏书结构不合理。

第二,图书采购人员素质不高。这里说的素质主要指专业素质。虽说本馆采购人员学历都在大学以上,但由于缺乏图书馆专业知识方面的训练,采购人员对藏书体系的完善及藏书结构的合理调整缺乏宏观的认识,故在采购图书中出现较随意的现象。此外,采购人员的专业素质还包括本人对所从事的工作的事业心。由于长期以来,高校图书馆被认为是借还书的消遣场所,是任何人可进可出的地方,或者是学校照顾老弱病残的休养所,所以,一直不被人所重视。有些人即使到了图书馆工作,也只是抱一种临时的态度。这样一来,在工作中出现随意性也就不奇怪了。

第三,采购渠道不畅通。这里所讲的采购渠道不畅通和突击采购大量图书、文献,主要指采购人员采购图书的渠道比较单一。目前我馆的采购方式或是一年中参加一两次全国性书展,从中选购一些书,或者是到某个定点的新华书店买些书,或是订购《社科新书目》上的预订书。而全国书展及一般新华书店所出售的新书是面向社会读者的,像新闻、广播、摄像、录音等专业性较强的书在市场上较少。《社科新书目》上所反映的情况也一样。这些专业书大部分出现在一些专业性较强的高校出版社(如北京广播学院出版社等),或专业出版社(如中国广播电视出版社),或专业书店(如北京的广播电视书店),以及一些零星订单上。对这些专业书的采购就需要采购人员平时不辞辛苦,通过各种渠道(如书目、年鉴、订单等），了解掌握这些专业书的出版动态，收集各种信息，使有关这方面的图书资料能最大限度地被收藏进本馆，从而使本馆的藏书结构合理化，满足学校的教学和科研的需要。

第四，与专业教师联系不够。一般来讲，教师开设一门课程除了让学生学好专业必修课程，都会指定学生读一些相关的教学参考书，以扩大学生的知识面，加深对所学专业课程的理解和认识。而对高校图书馆来讲，采购人员光知道学校有哪些课程是远远不够的，还应知道这些专业开设了哪些课程，与这些专业课程相关的教学参考书有哪些。想要了解这些情况，采购人员就应该主动和有关教师联系，同时也要经常听取教师对本馆藏书补充方面的意见和建议，以使馆藏结构符合教学的需求。以上谈及了本馆藏书的现状，并分析了存在问题的原因，下面就本馆藏书建设的发展做一些探讨。

一个高校图书馆要想办得好，办得出色，很重要的一点是在藏书建设问题上紧紧围绕学校办学方针和培养目标，突出重点，使比例合理，使藏书结构具有自己的特色，最大限度地满足本校师生的教学与科研需求。就本馆而言，必须克服在藏书建设上存在的问题，改变目前藏书结构中不合理的情况。具体讲应做好以下几方面的工作。

第一，制订合理的采购计划，调整专业书和非专业书的购书经费比例，通过各种渠道和方法（如书目、年鉴、订单、出版社等），收集有关专业书的出版动态和信息，想方设法，广开门路，力争多采购一些有关广电专业的图书及其相关的教学参考书，使专业书在整个馆藏图书中所占的比例逐渐增加，从而改变本馆目前在藏书结构上的不合理状况。

第二，在增加对专业图书的采购经费的同时，也要兼顾其他如专业报刊资料、声像资料等非书籍形式的专业文献资料的收藏。目前，本馆馆藏的专业图书无论是品种还是数量都很欠缺，想几年之内就把这些专业图书的品种和数量都搞上去超过其他图书是不可能的。其一，因为一本较好的专业书，它的出版周期也是2—3年，而一般的书若再版就需要更长的时间，或者就不再版了。如果第一次漏订或漏买了这些专业图书，要想再买就难了。其二，前面我们已谈过广电方面的专业图书在市场上本就少见，不是一次就能买许多的，需要一个积累过程。而报刊的情况就不同了。这是因为报刊的征订比较集中，渠道相对也少。除了邮局发行的报刊目录外就是一些零星的订单。因此本馆在报刊方面对广电专业方面的资料（主要指国内的）收集还是较全的。

在本馆1996年订阅的463种报刊中，广电专业方面的报刊有190种，占全部报刊的41％。这些报刊资料对我馆专业书不足的情况，无疑起到了一种弥补作用。事实也证明，这些报刊资料装订后，深受教师学生的欢迎，对学校的教学和科研发挥了一定的作用。声像资料目前教师使用还不多，原因是多方面的。其一，声像资料库建立不久，资料少而且不全，教师了解的也少，有的甚至还不知道图书馆收藏这些资料；其二，目前我校的其他教学方面的硬件，诸如能供学生看影片或听录音的教学场地还没有。但像我们这样的学校利用教学带（录音带、录像带），对学生进行直观教学是今后发展的方向。故图书馆应把这些专业资料带的收藏列入整个藏书建设的计划中去。除了报刊资料和声像资料以外，我们还不能忽视对其他一些非书非刊的专业资料的收集开发，如剪报资料、影视专题资料及其他内部专业资料。这些资料对学校教学和科研同样起着十分重要的作用。

　　第三,藏书结构中除了上述的学科结构、文献资料结构外,还有藏书的文种结构,即汉语、英语、日语、俄语等各语种组成的文献资料结构。目前本馆的藏书中专业资料的文种结构基本上是汉语。随着以后形势的发展,图书馆可以考虑在广电专业技术方面适当采购一些外文(主要是英语)资料,以便更好地了解和掌握国外广播电视发展的最新动态和最新技术。

　　总之,要做好上述工作,高校图书馆必须牢记本馆的办馆方针和发展目标,必须紧紧围绕学校的教学与科研,围绕学校的发展,仔细地调查研究,在充分掌握本馆实际情况的同时,制订出宏观的、合理的采购计划,按轻重缓急的步子采购各种文献资料,进行馆藏建设,逐步使本馆的藏书具有自己的特色,更好地满足读者需要,更好地为学校的教学和科研服务。

　　在现代信息技术高度发展的今天,艺术学院图书馆是师生学习研究的重要平台,艺术学院图书馆成为云数据、新媒体、大数据、网络数字化、网络图书及移动图书馆等集多种文献于一体的信息资源系统,艺术学院图书馆工作重心及服务格局逐步多元化,这就对艺术学院图书馆馆员提出了新的、更高的要求。因此,艺术学院图书馆馆员要提高自身学习水平及修养,使自己的知识和技能得到完善、更新和提高,不被时代淘汰,更好地履行岗位职责,成为新时代的弄潮儿。只有这样,才能为艺术学院的教学及科研提供更深层的专业性服务,为促进高校图书馆事业的发展做出应有的贡献。

参考文献

[1] 程旭敏.新建本科院校图书馆馆藏建设与发展的思考[J].衡水学院学报,2007,9(3):88-90.

[2] 张燕萍.关于高校图书馆为大学生服务的思考[J].图书馆研究与工作,2001(3):15-16.

[3] 奚红叶.跨入21世纪的图书馆如何应对知识经济[J].图书馆研究与工作,2001(4):30-31.

[4] 洪玲.采编工作与读者效应琐谈[J].图书馆研究与工作,2001(1):37.

[5] 许勇.大学图书馆刊的现状调查[J].上海高校图书情报工作研究,2009(4):6.

[6] 李万健.中国近代的图书馆和图书馆刊——写在《近代著名图书馆馆刊荟萃》出版之际[J].中国图书馆学报,2004(1):76-78.

谈图书馆的搬迁工作①

【摘　要】传统高校图书馆在运作过程中,随着书籍种类与数量的不断增加,师生规模的不断扩充,校园文明、社会文明建设的不断发展,可能面临搬迁。虽处在互联网大数据时代,但不同于数字图书馆,传统图书馆在搬迁的过程中会遇到很多方面的问题,尤其是高校图书馆搬迁,内容复杂、种类繁多、工程量浩大。为了确保搬迁的高效率,节省物力和财力,在前期需要做好统筹全局的准备工作,进行科学合理的组织。本文从三个方面即搬迁过程的前、中、后三个时期,对图书馆搬迁的整个流程工作做一点建议。

【关键词】高校图书馆;搬迁工作

图书搬迁是图书转移与归类利用的一项重要工作。在高校图书馆的新馆搬迁工作中,如果不精心规划与组织,就会造成人力资源、物力资源的浪费,搬迁工作的效率与质量也会大打折扣,甚至会造成书籍等文献资料的丢失,本人在近期内,结合我校图书馆再建设,就图书馆如何合理高效地搬迁提出几点不太成熟的看法和建议。

----

① 　发表于《科学与财富》2017 年第 11 期。

1. 搬迁前的前期工作

(1)新馆的布局规划

根据图书馆的性质、任务和藏书特点,结合新建图书馆的建筑结构,对馆藏区域进行合理划分,把新馆的馆藏组成一个高效、有序的有机整体,科学地安排读者和藏书的流动路线,使读者流和文献流在最恰当的地方最优化地结合在一起。确定藏书布局之后,接下来就是各区域的室内布局。室内布局所考虑的是架位、架距、阅览桌的桌距、工作台的摆放等,只有充分论证,才能保证室内空间的合理利用。

(2)图书的集中整理打包

因为图书资料是整体资产中的主要组成部分,自然要归类,搬迁前清点图书册数,具体分类统计,各就各位。所有资产先包装好,封存起来,再做移交使用。转入新馆前应把书柜、书架、刊架与书分开。书应分学科清点,贴好标签,尽量做到无误差。运输过程中应安排本馆工作人员指挥上下车,这样才不会混放,不会造成文献丢失、积压等杂乱无章的现象。然而,因馆内工作人员有限,工作量大,馆里应提出自己的建议及做法,制订一系列制度及制订移交手续清单(一式三份,馆里负责人一份,备查存档一份,工作人员一份)。

图书打包是图书搬迁工作中最重要的一环,只有图书打包的质量好,编号质量高,才能保证图书搬运的有序进行,让每一包图书都能对号入座,从而加快图书的上架与整理速度。与打包相比,打捆虽然可以节约一些资金,其技术难度却比打包要复杂得多,不仅每捆图书的厚度要符合统一的标准,每捆图书两面都要系十字花扣,而且要系紧系牢,稍有不慎,在图书搬运过程中就会有散捆的可能。在捆书的同时,不仅要查点每捆的册数,还要为每捆图书都附上详细的标签,标示出其图书类别、排架序号和册数,工作极其繁杂。在搬运的过程中,因为捆数众多也影响搬迁的速度。相反,打包则可以省去这许多麻烦。首先是确定每包书的厚度(大约是 20 厘米);其次是确定包上应写的内容,包括组别号、新馆书库号、包次号、新馆架位号、索取号(最好记上第一本和最后一本),以便搬迁后对号入座;最后,根据每类图书的排架顺序,由上到下、由左到右,下架打包。图书打包之后,不仅标号方式得到简化,搬运过程中也不用再担心散包的问题,更因为每包图书的册数要远远多于每捆图书的册数,从而减少了行李的件数,节约了来回搬运的时间。

　　搬迁新馆前,图书馆存放物品有其独特性:①图书牢固扎捆成堆放置好,不宜放在地下,否则易霉变受蚀。②图书馆专用柜、架、桌等易生锈,为避免由于空气质量不好,造成生锈无法使用,因此要做好防尘防潮工作,并应尽早尽快搬入新馆。③剔除旧书(无法借阅的破旧书、霉变看不清的书籍),在搬运之前应处理好。④及时清点长期流失在外的书籍,通知相关人员及时归还书刊,确保馆藏书籍数量准确。最后再集中时间、集中地点、集中车辆,专门运输。在运输过程中,学校、图书馆内部人员应参与指挥、调度搬迁,这样搬迁过程才能做到井然有序。学校牵头统一指挥,部门听从学校总体规划安排。

2. 搬迁过程中的注意事项

搬迁过程中,对于工具书的包装要进行再一次的保护。将图书与资料装入袋中,写上字样便于识别。若有书籍破损,及时修补。

在搬运书架、书柜时,尽量把同类材质的书架、书柜集中搬运,钢制书架请勿联体搬移,应拆开结构,把架片、架页、螺丝等按照部件归类,集中摆放并捆扎。运输途中有部分架片受到颠簸,因此摆放时务必使说明标识清晰。搬运时,在追求速度的同时也要求高效率,混乱不堪会造成分拣难度加大,这个问题要事先引起重视。

在搬迁到新馆时,先清点清单件数,安装书架,恢复架位。与此同时,书架的安装如何解决呢?仅仅依靠高校图书馆的工作人员,显然很难做到,特别是图书馆的工作人员中大部分是女老师,在安装过程中会遇到移不动书架的问题。笔者提出以下几点建议:①向学校提交资金拨款的申请,解决人力问题。②临时工同事配合完成组装工作。③组织学生加入,速战速决。④请搬运公司,在本馆工作人员的协调下统一调度,可大大加快图书馆复位进程。最后,及时发现搬迁过程中损坏的书籍,上架前完成修补。

3. 搬迁后上架整理,流通使用

将书架与书柜排列后,接着就是书籍上架工作。迁移完成的图书成袋成捆积聚,一是需要分摞吸尘,二是需要分门别类。大归类是指将凌乱的书籍扎捆,按照期刊与书籍分开,书捆分开摆放,如文学类、史学类等,归拢粗分,再按照 A,B,C,D,E,F,G 等类目细分上架。为了使图书尽快流通使用,工作人员需逐册核对数目,把在册数与实有数核鉴清晰,明确借阅人。控制图书流失,工作人员应经常开展催还书籍的工作。针对个别图书借阅者书籍借阅时间较长的情况,工作人员应发"催书单"。图书馆应专门制订任务,短期内催回书籍,对长期不还的人员采取相应的措施。由于资料与报刊较多,原有的刊架不够用,应及时购买新书柜和书架。在文献资料整理过程中,继续开展查重、剔旧、整架等工作。书架制作统一标志书目、填卡统一型号,配合图书馆的整体规划。

总而言之,图书馆搬迁是一项大工程,同时又是一件异常细致的工作,大的方向由学校运筹决策,细节工作就需要每一位图书管理员的认真配合了。高校图书馆应提出更细致更明确的要求,把工作落到实处。与此同时,图书馆各部门也应主动参与规划、承担任务,与学校的决策目标保持同步;每位馆员可以提出合理的建设意见,抓住此次机遇,解决遗留问题,对工作进行创新。

搬迁工作既是一件非常困难的事情,也是一次解决问题的好机会,搬迁过程中难免存在一些运转失调的情况,应惩前毖后,克服解决。图书馆各个部门应结合自身特点和优势,合理安排好搬迁后续各项工作,不折不扣地完成学校交给我们的工作,让高校图书馆的各项工作上一个新的台阶。

参考文献

[1] 卫世平.浅谈图书搬迁工作[J].河南图书馆学刊,2002(2):38-39.

[2] 李梅.谈如何做好图书馆的搬迁工作[J].才智,2016(32):249.

如何避免高校图书馆图书流失①
——以窃书、损书现象为例

【摘　要】图书馆读者损书、偷书、乱涂乱画现象由来已久,为防范此类现象的发生,应从加强诚信教育、法制教育,完善图书馆制度规范着手,解决高校图书馆图书流失的问题。

【关键词】图书流失;行为规范;法制制约;诚信教育;图书馆管理

　　高校图书馆是高校的重要文化传播基地,是高校进行教学和科研的重要信息来源,也是大学生吸取知识营养的第二课堂。学院图书馆现藏书在丰富教学科研、促进师生文化发展等方面发挥了重要作用。随着图书馆自动化管理及开架借阅制度的实施,学院图书馆已具有较大的藏书规模。然而在文明的知识殿堂里,却时常有一些故意破坏、盗窃图书的不文明行为发生,且高校每年图书破损、图书流失总量达到几千册甚至万册。为了遏制这一现象,高校图书馆管理员应对这一系列问题给予高度重视,并采取有效的措施,减少高校图书馆发生窃书、损书的现象。

---

　　①　发表于《湖北广播电视大学学报》2014年第4期。

1. 高校图书馆图书损坏、流失现状

（1）主、客观上的丢失

主、客观上的丢失又分两类：一类是无意识丢失（大意丢失）。不少读者对借来的图书保管不妥，将图书遗忘在公共场所而不知所终；有部分读者对学院图书馆管理制度视若无睹，将书及自己的借书证借给他人，造成图书丢失的现象。一部分学生说，造成图书馆书本流失的原因之一是学生对从图书馆里借来的图书并不当回事，大家相互借阅翻看，到毕业时往往已忘了书在何处，书在何人之手。当然，存心占书现象也较多。根据调查，有学生说："有位同学赔了3倍的书款后，将原版的著作占为己有。"他们认为，既然已向学校交了赔偿金，书归自己也是理所当然的。另一类是恶意偷窃撕书。偷书者趁工作人员忙，便占有自己喜爱的书或把喜爱的几页撕下夹带出去。少数读者把喜爱图书的关键信息撕下，比如将经典书画、英语或计算机考级的参考答案撕下拿走，大大减少了图书的价值，甚至导致有些图书会因此变得毫无阅读价值。有的偷书者把图书从高层窗户抛下，有的将磁条撕掉，趁工作人员繁忙时，避过防盗设置夹带图书出去。

（2）偷梁换柱、张冠李戴

个别私欲重的读者乘人不备，将收藏、利用价值较高的图书的条形码和馆藏号改动，并挪于其他廉价图书上，趁着借还高峰期蒙混过关。近年来，随着图书价格不断上涨，同种图书因再版印书时间不同，价格也有所增加，有些年份长的书原价只有几元或几角，而再版书却要近百元甚至更多。如《古币鉴赏》原价1.95

元,如在高校图书馆发生盗窃行为,规定赔款 10 倍,也不过 20 元,而现在市场上的再版书售价 150 多元。所以,便出现了少数读者以赔代买、"赔"走好书的现象,而且所"赔"图书多属于馆藏质量较高的图书,甚至有些版本的图书在市场上很难买到。

（3）计算机系统故障

图书馆自动化管理、开架书库均通过计算机借阅,有时遇上借阅高峰期,计算机负荷加重,就出现死机,使得已经借还的图书,不能准确显示,从而造成借还数据产生差错。有时,扫描仪识别错误或条形码不清晰,造成读者所借图书记录不符,而出现"张冠李戴"的数据差错。

（4）管理人员失误、做人情

高校图书馆图书流失与管理员监管有着密切联系。有时工作人员情绪不悦,粗心大意,业务不熟练,在借阅高峰时将 A 读者需借的书记录在 B 读者的借书证上,造成"张冠李戴"的现象,从而导致书迟迟不能归还。近几年,教师流动频繁,部分流动教师因种种原因,忘记归还他们在图书馆借的书籍,也是造成图书流失的一个原因。而有的教师长期借阅自己喜爱的书,等到退休也不将借阅的图书归还。这与管理员做人情也有关系。

2. 高校图书馆图书流失、损坏的几种原因

高校图书馆外借图书流失现象由来已久,原因诸多,总体概括主要有以下几种。

（1）管理者责任不清,监管不严,奖惩不分明

当前高校图书馆存在某些管理体制和分配机制滞后的现象,

在书库巡视少,对图书馆的规章制度宣传不到位,造成部分工作人员缺乏爱岗敬业的主人翁精神。没有高度的工作责任感,业绩未与工资奖励机制挂钩,干好干坏一个样,奖惩不分明,未能调动员工的积极性,导致工作人员监管不严,也没有承担起图书流失、损坏的责任。且有的管理员碍于熟人的要求,对于图书破损或丢失的情况不予理会,做老好人,"睁一只眼闭一只眼",任错误行为发展下去。图书馆管理员在思想上对图书流失、损坏问题不够重视,因此,他们在图书丢失与破损的问题上都有不可推卸的责任。

(2)读者薄弱的法制观念与不良的行为

在高校图书馆里,部分偷书者心态不良,有些人自我约束力弱,是非观念模糊,唯我独尊,自私自利,毫无公德意识,法制观念非常淡薄,认为拿本校几本书也没有什么问题,"偷书不算窃"。一部分读者有极强的逆反心理,由于自己在图书馆借阅中没遵守图书馆《读者入馆须知》《图书借阅规则》《书刊赔罚处理办法》《借阅书刊超期处理办法》等规章制度而受到工作人员的批评,或由于自己违章受到处罚而耿耿于怀,有意将书破坏、偷走,以发泄私欲,进行报复。另一部分读者看见某人偷书成功,心理极不平衡,明知偷书是一种不道德的违纪行为,却铤而走险,明知不可为而为之。还有一部分读者瞄准图书馆工作人员任务繁重,在读者众多的情况下,将书窃为己有,能偷便偷,自认为在自己的学校里窃书,如果被抓住只是赔上几十元或几百元的事。若没有对这一部分人进行思想教育,给予惩罚,他们可能会走向罪恶的深渊,给社会带来危害。

（3）图书馆系统设备老化，资金短缺

高校图书馆进入自动化管理、开架借阅的管理模式后，由于设备老化，仪器的运行速度缓慢，难免在图书借阅过程中出现差错。另外，资金落实不及时，疲劳作业，运作时常出故障等问题也是高校图书馆图书流失的原因之一。

（4）图书本身的脱落

在当今信息经济时代里，难免有些唯利是图的商人，以次充好，把劣质纸质的图书卖入高校图书馆，这些图书不久就掉落破损。如今，各个高校图书馆都普遍存在这种问题。

3. 高校图书馆图书流失、损坏所产生的后果

高校图书馆图书流失、破损不仅反映出读者淡漠的公德心、滑坡的道德观，也在一定程度上反映了读者法制观念的淡薄。随着大学生毕业日的临近，毕业生的还书期限被列上议事日程。据了解，有不少高校图书管理员开始紧张：不知今年又将有多少借出的图书难以收回？其中不乏绝版图书。但图书流失现象的确已到该给予重视的时候了。浙江传媒学院图书馆在杭州市高校可以说是集媒体、新闻传播、艺术、戏剧、戏曲类、动画类等专业图书最多、最全的图书馆之一。然而，由于图书连年流失，眼下图书馆的管理员不得不将一些为数不多的经典特藏书锁进了书柜，学生如果要看，必须由专门负责的老师开锁。这些本来用于外借的图书，如今若要借阅，也只能在图书管理员的"监视"下，在阅览室内进行阅读了。一些高校图书采购管理员讲，学院在购书时，一个版本的图书少则采购十几册多则上千册。但经过几年的流通

与外借,图书数量总在递减,每个学期结束后,都会有学生称找不到该书而向图书馆赔钱的情况。为了改善这种状况,不少高校图书馆纷纷制订了应对措施,如毕业生离校前不还书,学校会将赔偿金额翻一倍。浙江传媒学院图书馆规定:图书赔偿为原书价的2—10倍,近年新版本的图书,则由图书馆流通部门的相关负责人酌情处以罚款。但这样的赔偿制度实际并未奏效。有不少高校图书管理员痛心地说:"一些20世纪50年代左右出版的专业书,如今已不可能再版,即使它们的原价只有4角钱,不管是20倍赔偿,还是50倍赔偿,都只需要赔上几十元,而一本难得的专业书就没有了。"

多数学生没有把不能按时按量还书当作重要的事。高校图书馆流失图书关乎大学生的诚信问题,诚信教育是一项系统工程。各高校大学生要形成良好的诚信品格和风气,绝不是一蹴而就的。学生只有在校内养成诚信的习惯,将来走向社会才有可能建立良好的个人信誉。总之,大学生的诚信和道德修养,关系到学生的前途和命运,培养21世纪的合格人才,我们任重而道远。

4. 高校图书馆图书流失、损坏采取对策

首先,学院图书馆在馆里制订了《读者入馆须知》《图书借阅规则》《书刊赔罚处理办法》《借阅书刊超期处理办法》等规章制度,要长期有效地对读者进行法制、道德教育,完善图书馆体制管理。其次,在图书馆内,工作人员应树立爱岗敬业的主人翁精神,增强工作责任意识。应做到奖惩分明,馆员的任用、晋升、考核、工资分配应与工作挂钩,责任包干到人,做到责、权、利的统一。高校图书管理员还应长期加强法律知识的学习,自觉做到知法、

懂法、守法,对读者既要进行社会主义荣辱观教育,又要为其提供优质的服务,还要按有关法律、法规和馆里制订的规章制度严格要求。严把图书采购渠道,杜绝职业犯罪,把图书损坏、偷窃现象减少到最低限度。最后,加强防盗设备的建设,完善自动化设备防盗装置,不断提高电脑程序员的业务能力和工作水平。确保防盗设备正常运转,完善巡库制度,增设电子监控探头,不给偷书者有成功的机会。在新生入学教育中,开设"如何利用图书馆的馆藏资源"等主题课堂,丰富学生的第二课堂;在"读者园地""读者服务之窗",增加相关规章制度的内容介绍,使读者懂得自己的合法权利和义务,认识到爱护图书光荣,损书、窃书可耻,人人争做四有"新人",做 21 世纪合格人才。相信以上措施对改善高校图书馆图书被窃、损坏的现象会取得比较好的效果。

参考文献

[1] 朱伟玲.高校图书馆图书流失的现象分析及对策[J].山东图书馆季刊,2005(4):27-29.

[2] 冯济德.对损坏、偷窃图书现象的思考[J].浙江高校图书情报工作,2006(5):40-43.

[3] 王轲.高校图书馆读者偷书的现象、原因及对策[J].图书馆论坛,2003,23(4):153-155.

对高校图书馆服务内涵及定位的思考①

【摘　要】高校图书馆服务的思维角度应有针对性地进行调整，要变传统的服务为知识信息层面的服务，提升图书馆的服务文化内涵。

【关键词】高校图书馆；服务；内涵定位

1."利用教育"服务

图书馆工作人员的工作核心是尽全力做好服务工作。服务的内容涉及多个方面，但随着目前高校改革的不断深入，图书馆服务的思维角度应有针对性地进行调整，要变传统的服务为知识信息层面的服务，提升图书馆的服务文化内涵。

所谓利用教育就是用最简单、最便捷的方式，向师生介绍和宣传如何高效地利用图书馆，即"图书馆的利用"。通过宣传栏、宣传册及制作短片等途径，让师生，特别是刚入校的新生，了解图书馆的功能，并获取文献和信息资源的基本知识与方法。开展关于"图书馆功能和利用"内容的讲座，向学生介绍图书馆的馆藏、阅览室的功能及特色，对电子阅览室和音像资料室等可做重点介

---

①　发表于《赣南师范学院学报》2003 年增刊。

绍,还要介绍图书馆的相关规章。通过这种形式的服务教育,学生就可在较短时间内充分了解图书馆,掌握获取最新的资料和信息的途径。

2. 针对性服务

(1)针对学生的服务

不同年级的大学生对图书馆的利用和需求各不相同,了解这点对深化图书馆服务的内涵有重要作用,这也是"服务育人"的具体体现。如大一新生,他们到图书馆往往是出于好奇,因此看书的盲目性和随意性较大,较多地借阅言情小说、武侠小说等,若能启发和介绍他们读一些集知识性、趣味性于一体的社科类书籍,则能引导他们正确地读书,读好书,少走弯路。又如大二、大三的学生,由于他们此时正忙于备战各类等级证书考试,若能推荐一些最新的且权威的参考书,则能解学生燃眉之急,同时也提升了管理人员的服务质量。而对于毕业班学生,服务的内容和方式也应有所改变。由于毕业生正忙于毕业论文和毕业设计的准备,此时他们来图书馆主要是寻找各类参考文献。图书馆应放宽对他们的限制,允许他们多借图书,延长借期,并允许他们进入教师资料室查阅等;同时,应配备复印机,以随时满足学生的应急需要。这种分层式的针对性服务,既能方便学生、感染学生,又能体现工作人员的服务素质。

(2)针对教师的服务

教师来图书馆总是带着教学和科研中的问题来查阅各种文献和资料的。对教师的服务应主要体现在"细致""耐心"上。为了弄清某个问题,教师有时需查阅大量的资料,这时管理人员应"百问不厌",热情仔细地回答教师的问题,满足他们的需要。教师阅览室是图书馆的重点阅览室,分类齐全,资料完整性较强,特别表现在各类辞典上,可谓"应有尽有"。有些教师往往提出外借的要求。但按照图书馆规定,教师阅览室资料一般不得外借。此时管理人员要耐心解释图书馆借阅规则,以征得教师的理解。耐心细致的解释往往能得到广大教师的理解和支持。

3. 传统型服务和网络信息服务

高校图书馆工作人员是为广大师生服务的,强调的是良好的修养、品行、服务态度和敬业精神。管理人员既要有强烈的事业心和高尚的职业道德,又要有诲人不倦的治学态度,自律不懈的人生准则,用人格形象、言语、仪表、行为影响大学生,一切为读者服务,这是传统服务的内涵。随着计算机网络的不断发展,管理人员要在保障传统文献服务的基础上充分利用网络环境,加强网络的服务功能和网络的检索功能,为师生快速、准确地提供信息服务。如开设网上"新书导读",对到馆的新图书文献进行介绍,也可利用计算机为读者提供查询服务,为读者提供多样化、个性化、主动式的服务。网络是新时期获取信息和情报的手段,管理人员要向学生进行网络知识教育,让学生掌握在网上获取信息的技能,指导学生进行深层的信息开发,提高学生利用图书馆信息资源的能力。网络服务是新时期服务的重要内容,是馆员素质的具体体现。

4. 当好"信息导航员",提供参考咨询服务

图书管理人员从事的是服务工作,是一种智力劳动。因此图书管理人员应具备良好的综合素质:良好的思想品质、广博的科学文化知识、多方面的信息技能和较强的管理能力。随着时代的进步,和其他行业一样,计算机将成为图书管理的手段和工具。因此,图书管理员的工作重点将越来越转向为读者做好参考咨询服务工作,成为"信息导航员"。从这个角度考虑,管理人员应有更高的学识水平和专业能力,在引导、教育和传播知识的过程中真正当好咨询参谋。因此,图书馆馆员更新知识、努力学习专业知识,提高外语水平和计算机运用能力应是关键。只有这样,图书管理员才能当好"信息导航员",为读者提供高质量的服务。

参考文献

[1] 张燕萍.关于高校图书馆为大学生服务的思考[J].图书馆研究与工作,2001(3):15-16.

[2] 奚红叶.跨入21世纪的图书馆如何应对知识经济[J].图书馆研究与工作,2001(4):30-31.

[3] 刘士林.论高校图书馆的环境建设[J].浙江高校图书情报工作,2002(4):10-11,12.

第二篇　发展·规划

浅谈图书馆期刊文献的开发和利用①

【摘　要】高校图书馆期刊文献的开发和利用,是高校图书馆重要职能之一。本文将着重从开发和利用高校图书馆期刊文献方式、方法出发进行阐述。

【关键词】高校图书馆;期刊文献;开发;利用

图书馆是高校的重要文化传播基地,是高校进行教学和科研的重要信息来源,也是大学生汲取知识营养的第二课堂。在高校图书馆,除图书外,期刊文献是高校图书馆的重要组成部分,是获取信息必不可少的窗口,也是传播科技文化的重要载体,素以数量大、品种多、内容丰富、出版周期短、报道速度快、内容新颖等特点而著称。近几年,浙江传媒学院高度重视图书馆的建设与发展,短期内图书资料呈跨越式发展,而期刊文献的采集、入藏量约占馆藏的 30%(期刊 2000 多份,其中外刊 73 种,过刊约 15000册)。随着科学技术的发展,电子期刊的出现将会使高校图书馆期刊文献的内容更加丰富,种类更加繁多,信息传播速度大大加快,为高校图书馆期刊工作的现代化增添新的内容与活力。尽管如此,纸质期刊仍是研究者获取信息的主要渠道来源。因此,研

---

① 发表于《浙江传媒学院学报》2005 年第 2 期。

究和了解高校图书馆期刊文献资源的开发和利用,是高校图书馆重要职能之一,对推动高校图书馆的建设与发展,保障科研的有效进行起着十分重要的作用。

1. 期刊文献的特点

归结起来,期刊文献主要有以下特点:

(1)内容的广泛性和多样性

高校图书馆具有层次错落的读者群体,他们所学专业学科不同。读者群体的分布应与整个校园内的各个专业文化层次相适应,这样高校图书馆期刊文献的需求十分广泛,且具有多样性。近几年,我校图书馆期刊文献十分重视收藏内容,在确保传媒特色的情况下,既有科技、文化、经济方面的信息,还有政治、思想理论方面的信息,可谓包罗万象。其呈现方式还有很多,如电子期刊、声像资料、光盘等,目前我校图书馆期刊文献已形成了文字信息与多媒体信息并存的局面。

(2)快速性

高校图书馆期刊文献内容随着社会发展热点的不断转换,不仅范围在不断扩大,而且随着印刷型期刊文献出版频率的加快,广大读者检索、获取信息的速度也加快了。他们主要是通过检索文献,如全国报刊索引及各类网络索引,文摘、光盘数据等来掌握最新的高校图书馆期刊文献信息。

(3)共享性

互联网为获取全世界的信息资源提供了条件。互联网使各学科的重点期刊信息能在高校图书馆里快速得到,为科研提供第一手资料。随着信息高速公路和高校图书馆计算机网络化的飞速发展,现代化的高校图书馆成为进入全国乃至世界范围内的网络的重要基地。互联网打破了传统校与校之间、区域与区域之间的信息封闭局限,实现了资源的快速共享,大大提高了工作效率。

(4)扩展性

当读者在网上检索到专业所需的学术论文时,可以利用超文本技术,通过链接扩展延伸,来获得较大的情报网。网上信息资源的准确性、完整性和快速性为读者提供了快速、准确的检索信息手段。

2. 如何开发和利用期刊文献资源

(1)利用特色馆藏挖掘期刊文献

在信息时代的今天,科学化管理是期刊工作信息化建设的神经中枢。以信息开发利用为主导,根据信息流通的变化和读者的需要及馆藏期刊文献的种类、层次来编制期刊文献的目录、索引、文摘、综述、机读目录、题录等,将高校图书馆期刊文献多次介绍给广大读者,既提高了期刊文献的检索率和利用率,也挖掘了具有史料价值的历史文献和我馆特色的文献资料。除了将具有史料价值的文献保存,对无使用价值的期刊文献应剔旧注销,并及时做好更新剔旧工作。这样不仅可以减轻刊架的负荷,而且有利于新的高校图书馆期刊文献的宣传推荐,从而提高高校图书馆期刊文献的综合及快速的利用。要在文献信息网络占一席之地,就必须有自己的自身特色,逐步形成"你无我有,你有我全,你全我精"的特色。发展和建设特色图书馆是适应当今高等教育发展的需要,也是时代赋予图书馆的使命。近几年,浙江传媒学院图书馆引进了 Springer 西文电子期刊、EBSCO 数据库,包含 7000 种学术期刊;也通过网上包库或建镜像等方式引进中国学术期刊网、万方期刊数据库、书生之家电子图书、清华广信电子图书及人大复印资料等。浙江传媒学院图书馆建有特色专业期刊文献数据库及多媒体、光盘影像、磁带资料库等。通过网络虚拟资源建设,已逐步形成浙江传媒学院图书馆特色的馆藏体系。

(2)发挥网上电子期刊优势

从网络上获取大量虚拟馆藏资源,使得整个高校图书馆期刊文献信息资源大大增加。电子期刊具有高效、便捷、多样、空间小、节能、反馈信息快、检索功能强等特点,具备无可比拟的优势与巨大潜能,在学术研究与知识传播中占有极为重要的地位。通过网上电子期刊的信息源来获得电子期刊的最新信息,在当今的网络时代深受广大师生的青睐。网上信息资源要充分得到发挥,以确保信息的快速性、准确性,并获取信息资源的完整性。发挥网上电子期刊优势是在当今网络时代高校图书馆的必行之路。

(3)外文期刊的开发和利用

外文期刊是反映世界科学发展的窗口,是高校图书馆建设的一项必不可少的工作,有助于科研、教学取得突破,是科技人员了解国外最新科技动态的重要信息来源。目前高校图书馆的外文期刊普遍存在种类采集单一、延续性差、费用负担过重等弊端。然而,外文期刊文献对科研工作者来说是相当重要的。我们在及时建立外文期刊文献阅览室的同时,应考虑为更多的读者提供网上外文期刊信息的检索服务。纸质期刊与网络期刊并存,开展多渠道、多层次、方便快捷的服务体制。因此,完善外文期刊文献阅览室的建设是当前高校图书馆搞好期刊文献建设的一项重要工作。

（4）提高现刊、过刊外借的利用率

现刊、过刊开架及现刊、过刊的外借是提高高校图书馆期刊文献利用率的有效方法。现刊、过刊开架能使读者直接在知识海洋中获取知识信息。高校图书馆期刊文献的最佳使用期为:社科类一般在 1—5 年,科报类一般在 1—3 年。因此,在这段时间内,高校图书馆期刊文献流通愈快,利用率就愈高,其作用和价值也就发挥得愈充分。高校图书馆的期刊文献大部分是过刊,而传统的过刊管理方式是不外借的,这就使得大部分过刊深藏和停滞在书库中,得不到充分的利用。因此要打破传统的过刊管理方式,实行现刊、过刊开架和外借,以提高高校图书馆期刊文献的利用率。当然,这在管理上应出台新的措施。

（5）提高期刊文献管理人员的素质

知识经济时代和信息时代的飞速发展,对高校图书馆期刊文献管理人员提出了更高的要求。首先,高校图书馆期刊文献管理人员应具备通专合一的知识结构能力,掌握熟练的专业知识和应用技术技能;应具有较完整的图书情报知识,较强的语言表达能力、外语能力和开拓创新的能力;要具备运用计算机从网络上获取知识的能力,以加强信息研究及专业知识学习。外语能力和网络技术是及时获取世界最新信息,是及时、准确获取第一手资料的可靠保障。其次,高校图书馆期刊文献管理人员须切实加强专业学习和岗位再教育,利用一切机会学习,扩大对外交流,外树形象,苦练内功。紧跟时代潮流,及时跟踪学术动态,不断更新知识,提升服务水平,确立务实求新的精神。只有这样才能面对高校图书馆业务工作中出现的各种复杂问题,才能成为投身到信息资源建设中的合格人才。

参考文献

[1] 崔波.论高校期刊文献的开发和利用[J].河南图书馆学刊,1999(3):65-66.

[2] 廖爱华.高校图书馆的期刊信息价值与开发利用[J].高校图书馆工作,1998,18(2):67-68.

[3] 马爱花.浅谈期刊资源的开发与利用[J].殷都学报,1998(4):123.

如何发挥高校图书馆的育人功能[①]

【摘　要】本文探讨如何利用高校图书馆有利的环境、自身管理及业务服务,最大限度地发挥高校图书馆的育人功能。

【关键词】高校图书馆;育人;功能

高校图书馆是集管理、服务于一体的育人基地,与"教书育人"不同的是,图书馆的育人功能是间接的、潜移默化的。在21世纪的今天,反思图书馆的业务要求和工作特点,探讨如何最大限度地发挥高校图书馆的育人功能,使之成为培育创新人才的重要基地具有现实意义。

1. 发挥好"书"的育人功能

学生跨入高校大门,接触最多的就是书籍。他们有专业教科书、专业参考书,同时希望读到更多有助于拓宽专业视野,巩固专业知识的相关书籍,以获取更多的知识,来丰富自己。除专业知识外,学生还需读有关政治、历史、地理、法律、外语、计算机等学科的书籍,来充实自己。据有关资料,国外大学生 1/3 或 1/2 的时间是在图书馆或实验室度过的。因此,图书馆在采集书籍上要

---

①　发表于《浙江广播电视高等专科学校学报》2003 年第 5 期。

有颇多讲究。特别是市场经济时代,赝品充斥市场,如何采集到质量高、内容新的好书是十分重要的。图书采集的好坏,直接关系到书的育人效果的好坏,如何搞好采集工作呢?我认为首先要确定采集的基本原则和目标。把具有思想性、科学性、系统性、实用性,或者信息量大、使用价值大、品种新颖、反映现代化科学新知识、新思想的好书作为采集原则,把符合藏书建设规律,有利于形成高校图书馆自身特点和本校特色,有利于教学、科研服务的藏书体系作为图书采集的目标。对新书的采购要体现新、快、全的原则,即采购要新,分类标引要快,收集要全。要采集具有实用性、前瞻性、普及性的指导书和辅导书,如计算机考级考试丛书、英语等级考试丛书、考研系列丛书等。同时多采集科学性强的新书及名人名书,这样不仅可以使图书馆馆藏书数量、类别增多,还能较好地满足师生的要求。其次,选好配备图书采购员。采购员必须具有良好的思想素质和比较全面的科学文化知识,必须了解馆藏情况和馆藏规律,应该明了学校学生情况及专业特点,广泛搜集,保质足量完成采集任务。采购员还要全方位了解不同层次的师生看书、购书的动态,满足他们渴求"名、特、优"新书的心情。再次,要拓宽进书渠道及网上购书等,及时了解并掌握出版动态,将好书采购进来。杜绝图方便、贪小利的观念,以确保书的质量。最后,推荐工作也是图书馆育人的重要手段。让更多的学生了解馆藏,方便他们制订读书计划。高校图书馆应开办信息园地,办好宣传专栏,及时向学生介绍新书、新刊物内容,指点读书门径,加强图书馆与学生之间的联系。图书馆还可利用网络来指导毕业学生搜索招聘信息等。网络化应是图书馆实行计算机档案管理的前景。

2. 发挥环境育人功能

一座新世纪图书馆是一个育人的好环境。在 21 世纪,随着电子阅读、数字化、网络化等高新技术的运用,高校图书馆的环境育人功能显得愈加突出。图书馆是"学生第二课堂",是"大学生课外活动的主要场所",因此,建设好图书馆的育人环境尤为重要。简要地说,图书馆本身具有物质和精神两个方面的功能。在物质功能方面,图书馆为读者提供了门类、种类齐全的图书报刊、专业研究文献和参考资料,同时提供快捷、方便的图书检索工具,舒适的设备和宽敞明亮的环境,一座美观现代的图书馆,为校园增添了一道亮丽的风景。馆内高品位的珍藏图书和史料令读者肃然起敬,流连忘返。置身在这样高尚、优雅的环境里,人的精神和思想情操受到熏陶,在无意识中接受教育,感悟人生。因此,图书馆无时无刻不发挥着其潜在的环境育人的功用。图书馆环境的好坏直接影响读者的情绪好坏。师生向往一个整洁、雅致、宁静的好去处,而现代高校图书馆只是释放学习潜能的最好场所。创新的喜感在愉快的学习中迸发,创新性在浓浓的学习氛围中形成,其感染教育的功能就不言而喻了。

3. 发挥潜移默化的教育功能

高校图书馆是高等学校的"窗口"之一,图书馆馆员业务素质的高低,直接关系到图书馆的形象好坏和服务质量的高低。图书馆专业技术人员的综合素质体现为敬业、奉献和笃学。图书管理人员要树立高度的工作责任心,全心全意为师生服务,为教学科研服务的指导思想。图书馆馆员要爱岗敬业,要充分意识到图书馆在"服务育人"中应发挥的重要作用,努力使图书馆成为培养人才的基地。同时,图书馆馆员要有甘为人梯、无私奉献的工作精神,表现为工作态度热情饱满、举止端庄,对师生百答不厌及周到的服务态度。笃学是对业务的要求。管理人员应具备专业理论基本知识,还要具备一定的实践经验和组织管理能力,要不断熟悉业务,提高管理能力,提高工作效益,努力做到管理的规范化和科学化。图书管理并不简单,从外借、阅览、咨询到导读、采编、编目等系列工作都要求工作人员不断地学习,才能做好图书管理工作,符合时代的需要。随着图书馆信息网络化,管理人员传统的服务观念、服务内容和素质要求都受到挑战、冲击。以业务素质要求为例,图书馆工作人员应是信息产品的加工者、传递者,信息技术的管理者、培训者。每一位工作人员,不仅仅是计算机网络的简单操作人员,而且是具有一定外语水平和网络资源利用能力的复合型人才。图书馆工作人员只有熟练运用电子计算机技术,才能实现服务的自动化;只有熟练现代通信技术,熟悉各种信息系统软件和网络工具,才能使图书馆的服务网络化、信息传递高速化;只有熟悉多媒体技术,才能提供图、文、声一体化的信息服务。随着时代的发展,只有不断学习,做个"博学多才"的馆员,才能适应时代的需要,解决好业务工作中出现的各种问题。

为读者服务,充分发挥图书馆潜在的育人功能是图书馆一切工作的出发点和归宿。高校图书馆从书籍资料、内外环境到工作人员的素质,都会给学生潜移默化的美的熏陶。学生把图书馆看作"第二课堂",学到的不只是专业文化知识,他们的世界观、人生观和价值观也得以孕育和发展。从这个意义上看,图书馆的育人功用非同一般。

参考文献

[1] 张燕萍.关于高校图书馆为大学生服务的思考[J].图书馆研究与工作,2001(3):15-16.

[2] 奚红叶.跨入21世纪的图书馆应如何应对知识经济[J].图书馆研究与工作,2001(4):30-31.

[3] 洪玲.采编工作与读者效应琐谈[J].图书馆研究与工作,2001(1):37.

[4] 刘士林.论高校图书馆的环境建设[J].浙江高校图书情报工作,2002(4):10-11,22.

融合知识管理的高校图书馆学科服务^①

【摘　要】学科服务的产生,使得高校图书馆在更改的层次上满足了用户对信息资源的需求。近年来的研究成果,也使得高校图书馆在学科服务方面拥有更加丰富的学科信息资源。随着知识经济和网络技术的飞速发展,图书馆的用户信息环境发生了根本性的变化,这些变化对图书馆的教育职能提出了更高的要求。现今的研究成果,尤其是知识管理这一块,基本上停留在理论层面上。高校图书馆应该抓住机遇,建立以知识管理为基础的教育模式,进行知识的创新与知识的增值,将图书馆教育提升到新的水平,以适应用户的变化。

【关键词】知识管理;高校图书馆;学科服务;服务创新;融合

1. 图书馆学科服务

(1)学科服务的概念

学科服务以用户的知识需求为导向,开发知识资源,集成学科专业属性的知识产品,面向学科提供知识内容服务,是提供增值的知识资源,集学科化、知识化、个性化于一体的服务模式。学

---

①　发表于《卷宗》2016 年第 11 期。

科化服务的服务主体是学科馆员,学科馆员制度属于学科化服务的范畴。学科服务水平的高低是衡量高校图书馆服务质量的重要指标之一,它是一种深层次的服务,具有主动化、个性化、增值化的特点,也是高校图书馆生存与发展的立足点。

(2)学科服务的现状

随着学科馆藏资源的增加和学科馆员制度的建立,学科服务的内容和形态都在不断发展。国外学者对学科服务的主要研究内容有:提供学科专家个别指导、嵌入式学科服务,对课程的支持与指导、数字化学科服务,提供各种书目管理软件、多途径的书目检索等。近几年,我国在学科服务方面的研究成果主要集中在:高校图书馆学科服务开展的意义与作用、学科服务与用户研究、学科服务平台建设与模式探索、学科服务实践研究、学科服务创新与深化、学科服务的质量评估与综述等。然而,从知识管理这一角度来研究图书馆服务工作的不多。知识管理在图书馆学科创新方面起着重要作用,从知识管理这一方面研究图书馆服务工作,不仅可推动图书馆管理创新、知识创新、服务创新,而且可推动图书馆现代化、人文化、理想化工作环境。总之,知识管理引入图书馆工作,加强图书馆与知识管理相互关系的研究必将对图书馆未来发展产生积极的影响。在图书馆未来工作中贯彻知识管理理念,对图书馆优化资源配置开创图书馆工作新局面具有重要意义。

2. 知识管理

(1)知识管理的概念

知识管理是经济时代对知识资源进行一种全新的管理理念

与方法。知识管理的概念起源于 20 世纪 90 年代,最初出现在管理学领域,它作为管理领域的新事物,目前对其存在多种认识。美国得尔海集团的创始人之一卡尔·弗拉保罗指出:"知识管理就是运用集体的智慧提高组织应变能力和创新能力的管理。"我国学者将知识管理从狭义和广义两种角度来理解。狭义的知识管理指对知识本身的管理,包括对知识的创造、获取、加工、存储和应用的管理。而广义的知识管理不仅包括对知识进行管理,而且包括对与知识有关的各种资源和无形资产的管理。

知识管理的研究内容、学科性质、研究的方式方法及与其他相邻学科、交叉学科的关系,尤其是对图书馆如何利用知识管理手段开展创新研究,营造图书馆良好发展氛围,促进图书馆资源利用、资源共享等内容的研究尚未成熟。加强二者基础理论的研究深度,将知识管理的方法运用到图书馆学研究及具体工作中去,对开拓图书馆知识创新、环境创新、服务创新、管理创新,促进图书馆知识利用等都将起到良好的推动作用。

(2)知识管理的重要性

传统图书馆的工作主要是知识信息的收集、分类、存储和传输等,以方便读者查找和学习。而知识管理除了日常管理外更注重隐性知识的管理,从这个意义上讲,传统的信息管理只是知识管理的组成部分。传统的信息管理是以物为中心的刚性管理,而知识管理是以人为中心的柔性管理,它是信息处理能力与知识创新能力的最佳结合。因此,对信息管理而言,知识管理能更好地实现知识积累、知识交流和知识共享。

各种不同类型的图书馆的管理主要依赖自动化系统来完成，一般图书馆自动化系统都由采访、编目、流通、公共查询和连续出版物管理五个功能模块组成，基本上覆盖了图书馆的日常业务处理和管理工作。图书馆的自动化系统虽然给管理工作带来了便捷，可以使用户快速搜索到自己所需的信息，提高图书馆的响应速度。但仔细分析，不难发现，自动化系统对构成图书馆核心能力的过程——采选、标引、服务和知识服务等并没有太大帮助，在自动化产生过程中，人是最活跃的，具有能动性的，人的作用不可忽视。图书馆只有加强对人这一隐性知识资源的管理力度，使人适应信息技术的飞速发展，才能实现人与技术的协同增效管理，只有这样才能更好地为读者提供现代化服务。

3. 知识管理与学科服务融合

（1）融合难点

不少图书馆认为在现有的环境下开展学科服务困难重重，条件还不成熟，对学科服务还抱有深深的疑虑，有很强的畏惧心理，缺乏应有的自信。有一些已经设立了学科馆员岗位的图书馆也反映，学科馆员很难得到用户的接受和认可，无法融入教学或科研过程中，学科服务的效果不很理想。另外，知识管理在实施、培训、运行、维护等过程中都需要一定的资源投入，这对于本来就经费短缺的图书馆来说，是一项不小的支出。如果项目启动后，因缺乏足够的财力与物力支持，达不到预期目标，半途而废，给图书馆带来损失与风险，无异于雪上加霜。

还有一个问题是，受技术手段的影响与限制，图书馆的知识导航基本上还停留在点或线的查询方式上，知识导航的效果、水平在很大程度上依赖于知识导航员个体自身的知识结构、文化水平和实践经验。一方面知识导航员的工作时间越长,工作经验越丰富,越有利于知识导航;另一方面,知识导航员工作时间越长,其知识结构越老化,自然会对知识导航工作产生很大的负面影响。

(2)融合策略

首先,不同时期有不同的目标和不同的要求。目标要切实可行,要具体可操作。要从基础做起,扎扎实实做好基本的研究工作。同时,可以以预研项目的方式,支持深入的探索,鼓励做好基本研究,适时开展深度的研究,一定时期后,可适当分工,资深的人员专注于深度的服务,其他人则致力于基础研究,并在彼此之间建立协同的工作关系,相互配合,相互支持。在总体布局和任务分工上,要体现任务的均衡性,合理使用人力、物力、财力资源,在普遍服务与深度服务之间寻求平衡。要避免贪多求全,一哄而上,顾此失彼,导致适得其反。

其次,要提高重视程度。知识管理是一个全新的管理理念,拥有传统管理无法比拟的优势与特点。尽管目前对知识管理的定义还未形成统一的认识与界定,但是对其内涵的认知是一致的。知识管理就是把知识的本质及知识之间的关系进行有序的揭示,并组织成结构优化的知识库,以便提高人们对知识的利用率,促进知识的创新。它以信息技术为基础,以人才为核心,以广泛交流为途径,以知识创新为目标,将知识管理看作是一种开发资源的管理思想,不仅对知识本身,而且对知识有关的各种有形资源和无形资源进行管理,是对知识进行系统管理和创造性使用的过程。知识管理的出发点是把知识视为最重要的资源,把最大限度地掌握和利用知识作为图书馆竞争力得以提高的关键。

最后,要积累与扩大知识资源。图书馆知识资源是创新的源泉,因此,图书馆知识管理还必须致力于图书馆知识资源的不断积累和扩大,知识资源的积累和扩大的基础是活化知识资源,即智力资源的积累和扩大。而智力资源的积累和扩大主要依赖于图书馆关于知识的自主学习、交流与共享,图书馆有组织、有计划的培训活动及外部优秀智力资源的加盟。具体来说,在馆内,图书馆可设立特定的时间和空间,让馆员在非常轻松的环境下交流工作经验和体会,使馆员把自己的隐性知识表述出来,形成一个共享的知识库,然后再通过各种方式将知识库中的知识显性化,从而提高图书馆内所有馆员的素质。此外,给予馆员参加知识交流会议的机会,定期请馆内或馆外专家讲解图书馆发展的新动向、最新的业务技术和管理技术,并将外部专家所传授的知识整理成规范的文档,使之成为图书馆内部可共享的知识,从而扩大图书馆的知识资源。

参考文献

[1] 王晓文,沈思.基于知识管理软件的学科服务对接科研团队研究[J].情报资料工作,2015(5):73-76.

[2] 黄红梅.学科服务知识管理方法与评测[J].图书馆论坛,2013(4):145-148.

[3] 王芳.高校图书馆学科服务发展中存在的问题及对策研究[J].图书馆工作与研究,2012(11):44-47.

[4] 赵宁,李莘,宁岩.高校图书馆学科服务平台建设的分析研究[J].图书馆联盟建设与发展,2012(10):155-160.

[5] 初景利.我国图书馆学科服务的难点与突破[J].中华医学图书情报杂志,2012(4):1-4.

[6] 刘璇.高校图书馆学科服务基地创新实践探索:以杭州师范大学图书馆学科服务为案例[J].大学图书馆学报,2013(1):76-81.

[7] 张晓艳.基于知识管理的高校图书馆学科服务研究[J].图书馆论坛,2011(3):133-135,160.

[8] 张亮,杨溢.构建基于知识管理的高校图书馆服务创新模式:虚拟知识元三维空间碰撞模式[J].情况科学,2012(6):937-941.

[9] 曲永鑫,周莉,陶颖,等.关于知识管理的高校图书馆学科知识服务创新研究[C]// 2011 年第二届信息、通信与教育应用国际学术研讨会论文集.2011.

[10] 徐芳.高校图书馆学科服务及其发展趋势[J].科技情报开发与经济,2013(13):55-57.

[11] 张洁.高校图书馆学科服务平台的调查和研究[D].上海:上海交通大学,2011.

[12] 刘磊.浅谈图书馆知识管理的方法与对策[J].中国科教创新导刊,2013(5):249-251.

[13] 王翰博.基于 Web 2.0 的图书馆信息服务创新研究[D].合肥:安徽大学,2013.

[14] 毛刚.图书馆用户需求生态服务系统研究[D].长春:吉林大学,2013.

高校图书馆文献资源共建共享之我见①

【摘　要】当下,信息量激增,读者信息需求量越来越大,怎样建立图书馆信息资源共享模式已经被提到了一个非常高的高度。本文通过论述文献资源共建共享的必要性、现状及具体实施措施等方面,较为系统地对高校图书馆文献资源共建共享主题进行了阐述。

【关键词】高校图书馆;资源共建共享

当今知识信息时代,文献信息资源已成为人类社会的财富。师生对信息与知识的需求剧增,使得作为文献信息提供基地的图书馆的地位空前提高,而我国高校图书馆馆藏资源偏少,不能满足广大师生拓展知识面和开展高层次科研的需要,实现高校图书馆总馆与二级院(系)文献信息资源共建共享及各毗邻高校图书馆文献信息资源共享互借显得尤为重要。

1. 历史与现状

20世纪80年代初,我国图书馆理论界开始重视对文献资源共建共享的探讨,当时主要是引进和介绍国外文献资源共建共享

---

① 写于2009年8月。

的理论和成果,并对开展文献资源共建共享的理由、意义和原则进行分析。20 世纪 80 年代后期,我国图书馆理论界开始进入实质性的联系本国特点的研究,开始针对我国文献资源共建共享的环境因素、组织形式、共享内容、经费来源等方面进行分析探讨,并提出建立符合我国国情的文献资源共建共享的模式。

由于 20 世纪 80 年代计算机技术在我国还不普及,当时提出的文献资源共建共享只能局限于馆际互借和办理通用阅览证方面。20 世纪 90 年代,特别是到了后期,文献资源的共建共享研究有了实质性的进展。随着计算机技术的普及和网络技术的引进,文献资源的共建共享不再停留在编制联合目录、办理通用阅览证和馆际互借方面,而是在总结过去经验的基础上,对照国外发达国家的先进经验和发展现状,探讨如何尽快跟上国际潮流与国际接轨,建立数字图书馆、网络数据库,实现真正意义上的文献资源共建共享。这个时期不光在理论上有所突破,实际操作上也有了进展。例如,1995 年,邮电部建立的中国网(ChinaNet)在全国主要省会城市开通;1996 年 6 月,国家电子工业部建立了国家公用经济信息网(简称"金桥"),并在全国 24 个省、市正式联网开通,同时与中科院等单位进行了互联;2003 年,教育部建立了中国教育与科研网(CERNET),与全国数百所大学校园网连接,主干网联通到互联网。高等院校图书馆凭借其人才优势、资源优势和技术优势,在文献资源共建共享方面自然而然走在前列。现在,我国除了有 200 余所高校通过校园网与国家科研网(CERNET)相联系外,还有不少高校根据各自的实力和需要组建区域性网络,实现文献资源的共建共享,如广东、上海、北京、浙江、江苏等地的一些高校已建成或还在筹建中,如香港 JULAC(大学图书馆长联席会）就是较成功的实例。信息技术正在以前所未有的速度重新定义大学图书馆角色。一方面,大学图书馆馆藏资料数字化、网络化越来越丰富多彩,另一方面,图书馆探索与创造共享空间的对外服务意识也在不断增强。可以说在当今世界,美国高校图书馆已经走在世界前列。美国大学图书馆推出的系列举措,就值得我们学习和借鉴。比如,美国加州大学伯克利分校图书馆建立了大数据收集和分析实验室,还建立了专题研究大数据实验室等。尽管如此,从全世界范围看,高校图书馆文献资源共建共享除了发展不平衡外,还存在许多制约因素。

2. 制约高校文献资源共建共享发展的因素

目前,我国高校图书馆文献资源共建共享工作虽然取得了较为显著的成绩,但总体上讲进展缓慢。究其原因,业内的专家学者总结如下:①基础差,底子薄。文献资源建设缺乏规范性,标准低;缺乏统筹规划和合理布局;缺乏文献保障体系;缺乏必要的联合目录和健全的检索工具。②现代技术能力偏低。目前我国文献工作自动化水平不高,计算机的应用只限于各馆的自身管理与服务。联机检索网络不够普及,只限于少数几个大城市之间。③管理体制不合理。在我国,图书情报机构的管理体制呈现出条块分割、各家独立的现象,这是既定的事实。由此,造成图书馆情报事业缺乏一个跨系统的职能机构或协调组织,缺乏强有力的集中统一领导,无力宏观调控。④法规不全,缺乏权威性。多少年来,图书馆界一直呼吁政府出台一部有关图书馆的法,但至今仍无音讯。没有立法就难以形成文献资源共建共享的调控机制,难以用法律手段对各系统、各单位实现文献资源共建共享,发挥导向和制约作用。

　　除上述四点外,本人以为还有以下几方面的因素:①理论研究滞后。虽说在 20 世纪 80 年代,我国图书馆界就开始引进和介绍国外文献资源共建共享的理论和成果。但时隔 20 多年后的今天,我们对文献资源的共建共享的研究仍无突破,基本上还停留在原有的水平上,认为图书馆文献资源的共建共享主要是图书集中编目、采购协作、馆际互借及建立储存系统和文献数据库。笔者也对国内十几份图书馆专业杂志进行过统计,从 20 世纪 90 年代起到 2003 年年底,有关文献资源共建共享问题研究的文章不到 30 篇。而且多数文章只是谈谈看法和认识,涉及理论探讨的很少。上面所引对文献资源的共建共享的解释的文字,只能说是一种描述,根本谈不上是定义或是理论概括。文献资源的共建共享不是几句话就能概括的,正如从前的藏书楼到现代的图书馆理论的产生一样,文献资源的共建共享理论也有其深刻的社会背景和丰富的理论基础,只是我们没有去进行挖掘和探讨。试想如果没有现代技术的发展,没有现代理论的支撑,没有对传统观念的改革,文献资源的共建共享能实现吗? 因此,在研究和探讨文献资源共建共享的理论的过程中,我们绝不能孤立地就事论事地看问题,而要全方位地、发展地看问题,力求通过理论研究和探索,打开我们的思路,引导我们的实践,尽快地找出一条适合我国国情的文献资源共建共享之路。②思想观念陈旧。一方面,经历了计划经济时代后,人们的思想观念难以一下子改变,思维方式也存在着某种定势,尤其是那个年代的过来人,在决策或工作过程中,还是脱离不了"等、靠、要"的陋习。凡事都要等上级组织发话下命令,靠上级部门的拨款资助,等上级来组织实施。如今,这种计划经济时代留给人们的思想观念还存在。我们讲,文献资源的共建共享的呼声从 20 世纪 80 年代就开始了,一直喊到今天,但真正实行的图书馆还是寥寥无几。而已实行共建共享的图书馆并非是由哪个上级主管在实施的。就拿香港 JULAC 来说,它虽然得到了政府提供的一定资助,但这个联盟是多个图书馆经协商自愿组成的一种文献资源共建共享的组织机构。如果凡事要到采取"等、靠、要"的态度,而不是自己去努力,尤其是像文献资源的共建共享这类需要几个或多个图书馆组成的联合体,要实现文献资源的共建共享谈何容易。另一方面,由于管理体制造成图书馆条块分割的局面,在条块分割里面同类型的图书馆管理上也存在着各自为政的现象。这种条块分割和各自为政的现象又导致各个图书馆忽视了各自应有的藏书特色建设,追求小而全;读者服务上采取保护政策,限制了读者服务群。藏书建设上追求小而全的观念,读者服务上采取保护政策的观念,其实都是计划经济时代的产物,它们都是一种陈旧的观念,都应该在文献资源的共建共享中被抛弃。

3. 今后的发展思路

要实现高校图书馆文献资源共建共享,除了要解决上述几个方面的因素之外,还应该借鉴国外一些成功的经验,结合本国、本地的实际,积极探索新路子、新方法。资料表明,由于国家不同、地域不同,实现文献资源共建共享的途径也不同。归纳起来有以下几种。

(1)政府牵头组织,实施文献资源共建共享

政府牵头组织,实施文献资源共建共享。这种文献资源的共

建共享是较容易操作的。而且摊到各图书馆的成本费用也不多，基本是由政府来承担的，只要政府出面指定相关的政策和计划，组织一定的人力、物力和财力，各馆根据自己的实际藏书情况，分工协作，就能建立相对稳定和实用的文献保障体系。国内现已建成且使用方便的有中国教育科研网（CERNET）、中国高等教育文献保障系统（CALIS）等。而在国外发达国家，如美国、英国等，这方面的例子就更多了。

（2）委托某家企业（公司）或由某家企业（公司）承担，其文献资源的共建共享成为一种商业行为

由于企业（公司）资金和技术力量较为雄厚，而且也看到此项工程能给企业带来较大的效益和利润，企业会主动上门找相关的图书馆联系，根据各个图书馆提出的要求，确定并建立相应的文献保障体系。这个文献保障体系不仅在本区域范围内可使用，也可提供给区域外的图书馆使用。所不同的是，区域内与区域外图书馆购买体系的价格不同，这种方式在国内国外都存在。

（3）各图书馆通过协议方式，联盟合作实现文献资源的共建共享

各图书馆通过协议方式，联盟合作实现文献资源的共建共享。这种联合的共建方式的形成需要一个过程。起初是较少的几家图书馆，经过一个时期的合作，经验逐步积累，制度逐步建立，条件开始成熟，再发展其他更多的成员馆加盟。例如香港的JULAC，它里面有一个专门的机构——合作发展委员会（CDC）。该机构成立于1999年5月，当时只是特别工作小组，后来逐渐发展成由两位JULAC委员做主席，每个JULAC成员图书馆各派

一名代表组成的委员会。CDC 主要负责对外谈判方面的工作,如购置数据库、技术转让等,其他所有共同批准的资料均由每个图书馆自己的资金解决,也包括诸如存取数据等方面的问题,这样成员馆就可以用较少的钱,买到所需的大量资料。

当下高校图书馆通过共建共享建设,使图书馆的馆藏体系由传统的实体图书馆逐步向现代数字化和虚拟网络图书馆转移。电子型文献和网络信息资源的优势越来越受到师生的认可,建立起互惠互利的信息资源共享关系群。只有建立一支强有力的复合型的现代高校图书馆队伍,才能更好地为读者提供现代化服务。

参考文献

[1] 刘艳丽.图书馆数字资源建设与团队管理[J].图书馆工作与研究,2009(3):76-77.

[2] 潘永祥,高民.试论信息时代的来临与图书馆的现代化[J].大学图书馆学报,1997,15(2):1-59.

浅谈高校图书馆与院系资源整合共建共享^①

【摘　要】本文阐述高校图书馆与院系资料室整合的必要性，从管理体制信息资源共建共享出发进行分析探索，以实现校内资源共建共享的目标。

【关键词】高校图书馆；院系资料室；资料资源共建共享；必要性

目前，现有图书馆已适应不了新时代新信息的发展，高校图书馆文献供给与需求矛盾日益加剧，而院系资料室已远远不能满足教师教学与科研的需求。在信息技术不断发展的今天，应对高校图书馆与院系资料室共建共享方面提出更高的要求。高校图书馆与院系资料室必须挖掘整合图书资料，实现校园内资源共建共享的建设目标。依照教育部本科教学评估指标要求，以及凸显本学校传媒特色的要求，实践共建共享的路径和方法才是我们要着重研究的问题。

1. 高校院系资料室资源建设现状

笔者从 2013 年年底走访考察江苏某重点院校及浙江省多所

---

① 写于 2014 年 6 月。

高校,获取许多宝贵信息。不同高校的院系资料室在建设、资料管理等诸多方面存在差异,但仍有些共性值得学习研究。就我校而言,浙江传媒学院创办于 1985 年,目前纸质图书总藏量 120 万余册,各院系资料室 18 个。但其资源很多书籍重复率之高,利用率极低,服务管理水平相对滞后,需重点着手相关资源的整合和优化重组。如下图:

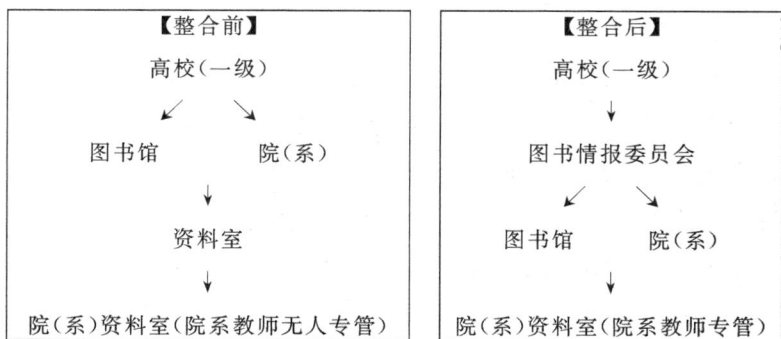

```
┌──────────────────────────┐   ┌──────────────────────────┐
│        【整合前】          │   │        【整合后】          │
│                          │   │                          │
│       高校(一级)          │   │       高校(一级)          │
│         ↙   ↘            │   │          ↓               │
│   图书馆      院(系)       │   │     图书情报委员会         │
│      ↓                   │   │        ↙   ↘             │
│    资料室                 │   │   图书馆      院(系)       │
│      ↓                   │   │               ↓          │
│ 院(系)资料室(院系教师无人专管)│   │ 院(系)资料室(院系教师专管)  │
└──────────────────────────┘   └──────────────────────────┘
```

(1)高校院系资料室整合前存在的弊端

笔者着手整合二级学院图书馆资料时总结出以下三大问题:

第一,认识水平不到位,领导不够重视,制度不健全。建设院系图书资料室,首先离不开系院领导的高度重视、支持和关心。因为这关系到图书资料室办公用房、办公设备、资料经费等的投入,只有这样,才能充分发挥资料室的作用,才能更好地为教学、科研服务。所以院系图书资料室的建设,最关键的是要得到有关领导的重视和支持,院系图书资料室的各项工作才能正常运行。

第二,管理不规范、混乱,工作人员流动大,无固定资料员分管,管理者素质偏低,盲目采购。少数学院资料室藏书文献专业不匹配,重复购书现象严重,盲目采购,造成大量资金浪费。多数资料室没有严把借阅管理制度,有些文献资料被少数老师长期占有。文献资料遗失现象严重,书籍损坏严重没有及时理赔。

第三,设备简陋,经费不足,资料匮乏,场所小,设备不到位(如书架、借阅扫描仪、阅览桌椅等),文献购置资金短缺,书籍资料流失严重。各资料室无章可循,各自为政,使应该纳入管理的图书文献资料没有纳入管理。

总之,二级学院资料室应建立健全学科管理制度,规范管理文献资料,加大资金保障,提高管理人员业务水平。校图书馆应该牵头做好资料员的业务专业知识培训,使资料员具有较强的实际动手能力及解决专业问题的能力。校图书馆可以建立完善的互动平台,定期分散安排资料员培训学习,交流工作经验;对二级学院资料员定期跟踪检查,定期跟踪院系资料室管理人员的培训督导工作,定期检查反馈信息;图书馆领导应对二级学院资料员进行年终考评检查,实行奖惩制度。

(2)整合后管理机制优势明显

其一,职能互补,节约经费,形成全校范围内资源互补、协调发展的新格局,弥补先前重复购书现象,及时剔除下架多余书籍。

其二,提高资源利用率,资源共享,方便师生借阅,提高各院(系)教学资料的利用率。打破各院系资料室教学资源的垄断地位,缓解各个文献资料供给与需求的矛盾,充分利用有限的资源经费,发挥作用。

其三,图书馆与院系资料室协调互动发展明显。充分挖掘整合不同学科、不同类型的多种资源,构建以图书馆为中心,各院系资料室为学科分馆的高校文献资源保障体系,为培养跨学科、跨领域的复合型人才提供资源保障。

其四,各个院系资料室特色与优势明显,与高校图书馆资源形成有效互补。彻底改善院系资料室的管理水平、技术、服务手段相对落后等状况,促进良性发展。

其五,各个院系掌握最前沿的学科发展动态,捕捉国内外最新研究动态,及早了解新型采集科技。通过学校图书馆和二级学院资料室的良性互动,可以随时掌握师生对文献资料的需求情况,及时购置师生急需资料,做到资金利用的最大化。

2. 管理机制整合及文献信息共享健全体系充分显现

教育部在《普通高等学校图书馆规程》中明确规定:院系资料室业务管理归校图书馆领导,行政上归院系领导,明确院系资料室与校图书馆的体制关系,首先理顺协调院系资料室与图书馆的业务关系,实行行政与业务双管,稳定院系资料员频繁变更,分工明确。可采用集中型管理制度,定期检查,责任到位。

(1)资源与服务整合到位

资源建设的互补性,其意义在于可以在网络环境下实现高校图书馆和院系资料文献资源共享。①实现全校文献资料共享,提高图书馆与院系的资料利用率,丰富校图书馆的文献内涵,更大程度地满足师生的需求爱好,同时缓解校图书馆的压力。②实现信息共享,可避免图书馆与院系图书重复订购,完善校图书馆与院系资料室管理自动化。③实现校图书馆与院系分级优化管理,大大提高全校的文献信息资源服务。

（2）资源管理的一体化优势明显

校图书馆使用汇文软件程序,建立了统一的资源管理平台,从 2014 年 9 月初馆领导委派笔者一人负责全校区 11 个院系资料室的整合编辑规范工作,两年内完成所有整合编辑数据回溯工作,对院系资料室文献书籍进行加工回溯编辑(编目)及培训院系资料员掌握简单的数据查重、流通借阅等系列工作,还将资料室的信息逐个添加到图书馆目录体系中(典藏、编目)。现已完成 8 院系(电影、电视艺术、新闻与传播、新媒体、电子信息、动画、播音学院、国际文化传播学院)和社科部的工作,其中编辑(典藏和编目)书籍 2 万余册。虽有任务繁重,图书馆与院系互动协调不到位等诸多因素,但笔者通过自身多年图书馆工作的专业经验和对工作的专业精神,坚持独立完成此项任务,并保留院系资料室原有的资料藏书目录体系,在工作中总结出采用两种不同的手法典藏及编目程序,最后达到方便师生查阅的终极目标。图书馆采用文献资源及合作的整套编目的标准化程序,制订了院系书目数据库的编目规则与条例,统一编目规则、数据著录标准及格式,在 CALISZHU 著录规则的框架下结合本馆要求制订全校统一规范著录的标准,确保书目数据的规范性和统一性,以实现国标化管理。后续笔者将跟踪院系资料室管理人员的培训督导工作,定期检查反馈信息,确保院系资料室发挥其更大作用,旨在提高院系资料室在高校的影响力。

3. 管理机制服务提升,信息资源整合共建共享必将是发展趋势

高校院系资料室是为教学、科研服务的机构,是重点搜集、整

理、加工、研究并提供文献资料的重要窗口,具有专业性强、学术突出的特点;高校院系图书资料室具有规模小、专业性强、服务层次高的特点,直接为老师提供各种急需的文献资料,是教学和科研的前沿阵地。高校图书馆与院系资料室信息资源整合大势所趋,推广高校图书馆和院系资料室共建共享的理念势在必行。整合后的高校图书馆与院系资料室将提供全新的校内文献信息保障体系,提供全方位、高层次的服务。此举笔者认为将极大地满足教学、科研工作的发展需要。学校和二级学院资料室文献资源共建共享是新型的现代化资源共建共享的信息化和网络化建设的关键环节,也是高校信息化与网络化建设的一项长期系统工程。

4. 结语

挖掘高校图书馆和院系(级)资料室的优势,推进加强院系资料室建设是校图书馆资源建设的重中之重,充分体现了高校图书馆是整个高校教学、科研和文化建设的中心。高校图书馆要高度重视系院(级)资料室管理工作,充分利用校园现代化网络技术,把图书馆和资料室紧密联系在一起,共享资源,互相合作,实现图书资料的专业化、服务专业化、人员素质专业化,确保高校健康可持续发展。

参考文献

[1] 倪红华,周雪伟,左文革.论高校图书馆与院系资料室资源的整合[J].现代情报,2009(7):135-137,143.

［2］李平.对高校二级学院图书资料管理的探讨［J］.科技信息，
　　2008(22):285.

［3］高文辛.高校二级学院图书资料管理之探寻［J］.科技信息，
　　2010(32):793-794.

高校图书馆学科馆员制度与
学科馆员服务之我见[①]

【摘　要】文章阐述了建立学科馆员制度的必要性、学科馆员的建设模式及学科馆员的职能作用。通过对以上内容的探讨，笔者认为建立学科馆员制度，提高学科馆员服务素质，对高校图书馆今后学科信息服务工作的开展具有重要意义。

【关键词】学科馆员；高校图书馆；信息服务；学科馆员制度模式

学科馆员最早发端于 1950 年以前的美国研究级大学图书馆，"学科馆员"是"Subject Specialist""Subject Libraian""Liaison Libraian""Library Liaison"的英译。何谓学科馆员制度？高校图书馆根据馆员的专业知识背景和实际工作能力，指定馆员与对口院系的教师密切联系，提供国内外对口信息资源服务的馆员新服务形式。学科馆员制度的实行是知识经济时代知识创新的必然要求，也是高校图书馆服务创新的重要内容之一。建立学科馆员制度，不但是高校图书馆提高文献信息服务水平的主要途径，而且是适应现代化教育的一项新举措。浙江传媒学院图书馆为满

---

① 发表于《浙江传媒学院学报》2006 年第 12 期。

足学科建设的需要,组建了首批学科馆员,为教学、科研提供信息咨询、知识服务。

1. 建立学科馆员制度的必要性

(1)建立学科馆员制度,是图书馆应对现代高等教育发展的一项新举措

学科馆员制度开始在国内清华大学图书馆、北京大学图书馆、东南大学图书馆等实行。而清华大学图书馆是最早开展学科馆员制度的图书馆,有较成熟的做法,并取得了引人注目的成绩。清华大学图书馆成立了学科馆员信息参考部,11位学科馆员负责联系38个院系,主要针对教师、研究生开展工作。对浙江传媒学院来说,结合自己的实际,实行学科馆员制度是十分必要的。学科馆员制度的建立可以更好地服务于教学、科研工作,在多个层面开展信息咨询,加强高校图书馆与各院系的联系,建立起"需求"与"保障"的渠道,帮助教师充分利用高校图书馆的资源。建立学科馆员制度,组织一批既熟悉本馆各种信息资源,又熟悉各学科教学科研情况,且具有较强的文献信息检索、组织能力的馆员,建立起一种对口服务的新机制是刻不容缓的。学科馆员制度的建立,进一步提高了大学图书馆的服务水平,并使其学术化、专业化、制度化,使图书馆的服务提升到更高、更新的层次。

(2)学科馆员发展方向

在学术性强的高校图书馆,建立学科馆员制度不仅必要,而且具有明晰的发展方向。有专家将其归纳为八种角色:一是作为搜索中介的图书馆馆员,二是作为助推器的图书馆馆员,三是作

为终端用户培训员的图书馆馆员,四是作为网站建立者或出版者的图书馆馆员,五是作为研究人员的图书馆馆员,六是作为截面设计者的图书馆馆员,七是作为知识管理者和专家的图书馆馆员,八是作为信息资源转换器的图书馆馆员。从以上分析可知,学科馆员处于信息生产链的初端,在信息生产过程中发挥着十分重要的作用。因此,学术机构图书馆馆员除负责研究内部的信息搜集外,还要成为知识的管理者和"专家型"的图书馆馆员,既能对所获得的知识进行分析确认,又要能实施控制管理。现在越来越多的专家强调图书馆馆员应发挥综合管理作用。

2. 学科馆员的建设模式研究

结合浙江传媒学院的特点,依据学科馆员的发展方向,学科馆员的设立可参考以下两种模式:

(1)集中式

在图书馆里成立学科管理委员会,规划学科管理馆员。目前浙江传媒学院首批 8 位学科馆员大都来自文献建设部、文献服务部、信息技术部等部门,他们在学科馆员工作开展初期,制订出一系列行之有效的措施和方法,并不断完善并加以巩固,集中统一管理、统一规划和运行。建立有效可行的考核机制,不定期或定期地检查、考核学科馆员的工作情况,及时总结分析学科服务中取得的经验和存在的问题,逐渐形成常规化的考核形式。同时,这种制度应在实践中不断摸索,以巩固现有取得的经验。

(2)分散式

一切从工作实际出发。学科馆员的工作需要经常与各系专业教师进行联系。由于专业研究者、研究方向各异,工作内容和工作进度也截然不同,加之学科馆员的特性、专业背景、知识结构等诸多因素,形成了学科馆员工作的分散性特点。所以,学科馆员从某种意义上应有更多可供支配的时间,可以拓展一片自我发展的天地,以更好地配合科研,提供对口服务。

有关资料显示,学科馆员在图书馆的统一领导和协调下,发挥了比以前更大的积极性,他们找准了定位,更勤奋、安心地工作。在科研服务中,他们更加熟悉了馆藏资源建设情况,在为对口教师的教学科研中,真正达到了服务教学科研的目的。

3. 学科馆员的岗位职责描述

(1)提供对口情报信息服务

学科馆员应利用好馆藏文献信息资源优势,为对口学科的教师提供针对性的有参考价值的信息服务。馆员在主动提供服务的过程中,了解对口教师对书刊、电子网络信息的需求及课题研究的情况,及时、准确地为他们提供更多的信息资料,包括代检、代查等;此外,学科馆员应及时向对口教师通报图书馆的新资源、新服务,定期到所负责的院系了解教学科研情况、学科发展情况及文献信息需求情况等,并将教师对图书馆资料建设的相关意见建议传达给领导。学科馆员的这种密切结合科研需求的服务形式,可通过电话和 E-mail 向对口教师推荐相关资源,既有效地推动了学科馆员综合素质的提高,较好地满足了教师对信息的需求,也有效地推动了图书馆的资料建设与发展。

（2）提供科学信息网络导航

目前，学科馆员依托成熟的校园宽带网资源，为对口教师的科研建立专业学术信息资源导航网站，这是学科馆员的重要任务。通过 Intemt 网站数据库，学科馆员充分利用网络资源，建立网上学科咨询站点，开展网络导航工作。导航工作的开展能及时、快速、准确地传递国际国内大型学术活动的相关信息，并帮助教师及时了解国内外学术研究的前沿知识和科研动态。

（3）开发利用学科文献信息资源

学科馆员在为教师的科研课题提供情报咨询、信息网络导航服务的同时，还应开发本学科文献信息资源，利用馆藏文献信息资源为本学科进行全面系统的分析、对比、归纳，形成学科文献评价、综述等。同时还应为对口教师建立学术档案，通过 Intemt 网站为对口教师提供代译代查、课题论证、最新信息等，竭力为对口教师打开通向世界的大门，使科研产品、科研成果为社会服务，为全人类服务。

（4）提供信息培训及信息咨询

学科馆员在为对口学科的教师提供针对性的有参考价值的信息服务时，还要在图书馆不定期或定期为对口学科的读者组织开展讲座，协助安排好讲座时间、内容、主讲人等事宜。学科馆员应承担好信息培训和信息咨询的角色，把图书馆丰富的馆藏文献信息资源介绍给师生，指导他们掌握信息检索技术，帮助他们充分利用新型信息资源，在做好"图情管理员""知识推广员"的同时，提升图书馆学科馆员形象，充分发挥图书馆在教学、科研中的应有作用。

4. 学科馆员应具备的素质

学科馆员工作是一项具有较高专业性、开拓性、挑战性的工作,就应具备通专合一的知识结构能力,在熟练掌握图书馆学专业知识、文献学、信息学、计算机应用技术的基础知识和文献信息资源建设、研究、服务等基础理论和运作方法的同时,还应具有较完整的图书情报知识,较强的语言表达能力、外语能力和开拓创新的能力。具备外语能力和计算机网络技术是及时获取世界最新信息,是及时、准确获取第一手资料的可靠保障。而只有具备深厚的学科和语言知识底蕴,才能开展与学科读者学术上的交流和探讨,有效地为学科读者提供专业服务,及时跟踪学术动态,不断更新知识,提升服务水平,确立务实求新的精神。当然学科馆员作为高校图书馆的形象代表,应树立"以人为本""用户至上,服务第一"的理念,做到外树形象,苦练内功,不断提高自身的综合素质,实现自身的价值。学科馆员优质的服务为学校的教学和科研提供坚实、可靠的保障。因此学科馆员要不断学习进取,注重知识创新和工作方法创新,只有这样才能做好学科馆员工作,为高校图书馆事业发展做出贡献。

参考文献

[1] 谢小梅.基于网络环境的高校图书馆用户信息需求与学科馆员制度[J].图书馆学研究,2006(7):90-93.

[2] 袁俊.高校图书馆实施"学科馆员"制度运行机制的研究[J].现代情报,2005,25(10):53-55.

［3］陈宇旸,李剑.高校图书馆学科馆员制度存在的问题与对策
　　　［J］.图书馆学研究,2006(10):12-15.

［4］王林廷.高校图书馆学科馆员制度论略［J］.贵图学刊,2003
　　　(4):16-18.

［5］束漫.广州大学图书馆学科馆员机制建设研究［J］.图书馆论
　　　坛,2005(1):60-63.

［6］祝玲娟.我国高校馆学科馆员现状及发展方向［J］.图书馆理
　　　论与实践,2005(4):87-88.

新时期艺术院校图书馆馆员
继续教育浅析^①

【摘　要】本文对高校图书馆馆员继续教育的必要性、内容、目的进行深入剖析，认为馆员接受继续教育，有助于规范提升高校图书馆馆员的专业化能力，促进高校图书馆事业与时俱进。

【关键词】高校图书馆馆员；继续教育；职业素质

当下是网络化、信息化的大数据时代，知识经济、现代科技突飞猛进，现代信息管理系统、现代通信网络技术、现代多媒体技术、云移动智能图书馆等在高校图书馆全面应用，使得高校图书馆的管理及服务发生质的飞越。大数据信息化管理大大突破了传统图书馆的工作领域旧传统思维及概念。大数据时代的来临，对高校图书馆来讲，既是机遇又是挑战，能否抓住机遇，迎接挑战，关系到图书馆的生存和发展。在博弈中，人起决定作用，因为先进的技术终究是靠人来实现和控制并为人服务的。以图书馆馆员为本，加强对他们的培训教育是当务之急。然而，从客观现实来讲，继续教育还远没有达到理想境地，还没形成权威意义上

---

①　本文为浙江省教育厅一般课题项目编号（Y201635191）部分成果。

的继续教育理念。全面提高他们的素质及整体服务水平,是保证
图书馆事业持续发展的根本大事。

1. 高校图书馆馆员进行继续教育的必要性

（1）高校图书馆馆员进行继续教育的紧迫性

随着 21 世纪知识爆炸、信息激增、技术日新月异,高校各学
科领域不断渗透,跨学科、跨地域更紧密,交融互补。人类社会由
工业化时代向信息现代化时代转变,知识经济发展给高校图书馆
的发展带来了难得的机遇和严峻的挑战。一方面,知识经济的到
来对人们的生活、工作和思维产生了深刻的影响,生活节奏不断
加快、行业竞争日趋激烈。为了生存,人们必须获取大量信息,必
须不断学习新知识。人们对图书馆文献的需求也相对提高,尤其
是大数据时代的到来,网上数据渗透到人的生活的方方面面。由
于图书馆的功能和服务内容、服务方式都发生了巨大变化,馆员
工作内容的要求也大大提高,所以对高校图书馆馆员当前的服务
提出了更高的技术标准,促使高校图书馆馆员的服务工作与时俱
进,不断更新新知识、新理念。然而,馆员中有不少来自非图书馆
专业的人员,他们普遍存在知识结构不合理、业务能力和文化水
平等落后于当前图书馆事业发展形势的现象,改变其现状,就必
须进行高校图书馆馆员继续教育,这也是图书馆存在和发展的基
本要求。根据新时期图书馆的特点,高校图书馆馆员要不断提高
其工作能力和素质。高校图书馆馆员接受继续教育是必然趋势,
刻不容缓。

（2）自身发展学历条件、专业职称构成继续教育的重要性

印度图书馆学专家阮岗纳赞曾说过:图书馆是一个生长着的

有机体。图书馆的各项功能也在不断增强拓展,与此同时馆员的自身素质和服务能力也要不断提高。为了紧跟形势发展,满足读者的需求,树立图书馆良好的服务形象,能使图书馆馆员提供更高更专业的服务,成为人们心中的"网络导航员""信息素养师""知识管理员"等。这就需要图书馆馆员努力学习,跟紧时代步伐,适应时代发展;不断完善自己,到国内国外一流大学访问考察,吸收新事物,学习世界新信息、新理念,使自己成为优秀的图书馆馆员。

在《教育大词典》中关于继续教育的概念表述,是对已获得一定学历教育和专业技术职称的在职人员进行教育的活动。《成人教育辞典》中关于继续教育的概念是,学历教育的延伸和发展,是成人教育的重要组成,主要对已获得一定学历教育和专业技术职称的在职人员不断进行的旨在更新知识和提高职业能力,以适应社会发展和科技进步的教育。《世界成人教育概论》中,继续教育在成人教育中作为一个术语具有特定含义,专指对大学本科教育后的再教育而言,而继续教育则是初始教育的延伸、补充、扩展和发展。《职工教育辞典》提出继续教育一般是指大学毕业后人们进行知识更新、补缺、提高的教育。继续教育是继续工程教育的扩展,是一种有明确内容和目的的教育活动。可见虽然对继续教育表述不同,但宗旨是一致的。

通过继续教育,"比、学、赶、帮"在高校图书馆形成良好的学习环境,学历教育的延伸和发展使受教育者不断更新知识和提高创新能力。图书馆馆员得以更新自己的知识,调整自己的知识结构,拓展自己的行业水平,增强自己的服务功能,培养自己的创新意识。以适应社会发展和科学技术不断进步的需要。图书馆馆员要紧跟新时代步伐,立足社会前沿,为自己成为祖国的栋梁之材,为国家的繁荣添砖加瓦。

2. 高校图书馆馆员继续教育的内容

（1）图书馆职业道德教育

任何一门职业都具有其行业的特征和工作标准,图书馆的工作性质决定了其员工必须具备图书馆职业道德,才能在平凡的工作岗位上做出不平凡的成就。

近年来,由于受市场经济和社会风气的影响,图书馆员工待遇偏低,少数图书馆员工离岗跳槽,或心不在焉,马虎敷衍,得过且过,缺乏工作热情。逐年的扩大高等教育招生的政策,使得各高校图书馆的规模也相应扩建、扩容。人员急剧匮乏,面临诸多不便。这种情况下,非常有必要加强对图书馆员工的职业道德教育,时刻鞭策教育员工,不进则退。只有通过图书馆职业道德方面的继续教育,才能使每个员工爱岗敬业,成为高校图书馆的中坚力量。笔者充分利用暑寒假时间,走访了国外几所顶尖学府,自费参观、考察、访问,了解世界前沿图书馆学科领域,可谓千里之行始于足下。

（2）图书馆学专业教育

据有关数据统计,全国高校图书馆队伍中真正从图书馆专业毕业的人员占40%左右,多数人员是从其他专业进来的,他们以前所学的并非图书馆方面的知识。由于长期以来高校图书馆工作不被人们重视,一时又难以解决,唯一的出路就是对新到的馆员进行的图书馆学基础知识教育改为基础职能培训。进行再教育学习,在较短的时间内使新到馆员较全面、系统地了解图书馆资料工作的组成、结构、体系及运作;进行实际业务操作,为他们今后在图书馆学理论上打下一定基础,为提升整个图书馆服务好形象打下良好基础。

对图书情报专业毕业并从事高校图书馆工作的员工,同样要进行图书馆学方面的继续教育,在原有的基础上进一步深化、拓宽知识面,完善知识结构,做行业的领头雁,树立标兵先锋模范作用。

(3)现代信息技术教育

随着现代化信息技术飞速发展,高校图书馆已全部采用以计算机为核心的自动化操作,实现计算机管理和网络信息服务,图书馆正朝着服务网络化、文献资料数字化、管理现代化的方向飞速发展,现代信息技术带来的多媒体、流媒体和网络技术使图书馆工作人员面临严峻考验。因此,在信息技术高速发展的今天,图书馆馆员必须进行现代化信息技术的学习进修提高,图书馆也应该把这项工作列到工作日程上并持续下去。从浙江省兄弟院校了解到,具备现代化信息技术的图书馆馆员人数在各高校都较紧缺,从事开发图书馆信息管理软件的人更微乎其微,但现代化信息技术的继续教育对图书馆来讲是必不可少。

(4)创新意识教育

图书馆馆员创新意识培养、教育培训是高校图书馆继续教育的核心。继续教育不仅要加强对图书馆馆员的知识内容的补充、更新、拓宽和提高,更重要的是提高自身实际能力,重视培养馆员的创造性和开拓性。高校图书馆继续教育应着眼于培训未来复合型专业创新人才而建立保障机制,集中力量把技术人才的能力提升到战略高度。

(5)职业技术能力的提高

高校图书馆馆员的职业道德是图书馆发挥教育职能的人员因素。加强培养图书馆馆员职业道德,增强图书馆馆员的荣誉感和使命感,是新时代赋予的新的要求。要适应时代步伐,争分夺秒努力学习新知识。图书馆馆员要明确角色和工作要求,在做好本职工作的同时,不断学习新知识。同时,请校外专家指导服务,使每个馆员有馆外学术交流、到校外参观学习的机会;做好做足岗位培训、讲座等培训项目。图书馆是馆员自学专业技能的有效场地,作为高校图书馆馆员要充分利用这得天独厚的自学条件,进行知识结构的补充和更新。图书馆本身就是一个知识的汇集地,是获取知识的重要场所,是继续教育不可忽视的重要学习场所和基地。

总之,只有图书馆馆员的理论水平、职业道德、职业素养、专业技术的全面提升,才能造就一支具备优秀服务能力和职业道德的专业队伍,充分发挥高校图书馆的教育职能和服务能力。

3. 高校图书馆馆员继续教育的形式

(1)在职成人再教育培训

对于尚未达到大专和本科学历的图书馆馆员,要求并安排他们报考相关的成人高校,其形式有自考、函授、夜大、电大、远程等,通过成人教育取得学历。对于已获得大学本科学历的图书馆馆员,我们仍应要求高校图书馆馆员进行在职学历教育,向更高的学历发展,当然这种学历教育应该有针对性,应根据本馆的实际,根据本人的自身条件、兴趣及爱好,做到对工作有利,对自己今后发展有利。

(2)业务培训教育

业务培训主要指对图书馆学科知识方面的业务培训。据大数据统计,目前在高校图书馆工作的员工中,大多数馆员是其他专业的。因此,其他专业毕业的馆员到图书馆首先需要进行图书馆学方面的业务培训。业务培训方式有以下几种:①本工作单位组织业务岗位培训;②请专家、学者、名人进行讲座和专题报告会等培训;③把高校图书馆馆员送出去进修培训,进行较为系统的培训,但经费较高。因此,高校图书馆应根据自身能力而定,量体裁衣。

(3)开展学术交流

学术交流是图书馆进行更高层次的继续教育形式,有一定的业务知识造诣。开展学术交流的形式大致有:①召开学术研讨会。通过交流和研究,取人之长,补己之短,增长见识,拓宽眼界。②参观互访。各高校办学思路、专业方向有所不同,侧重点不同,历史发展不同,学术渊源不同,有各自不同的特色。所以高校图书馆之间的交流是十分必要的。③访问学者。访问学者可以说是在继续教育中最高最深层次的一种。能作为图书馆访问学者去国内外知名学府深造,对其学历、职称、外语水平都有较好的作用。外出做访问学者,大都带着课题,访问学者的使命完成之日,也是课题结题之时。笔者本人(旅游爱好者)近几年,在爱人国外访学期间,利用寒暑假时间,随同自费游历了英国的国家图书馆、剑桥大学图书馆和考文垂大学图书馆,美国的普林斯顿大学图书馆、罗格斯大学图书馆,以及澳大利亚的科廷大学图书馆,让人耳目一新,思路开阔。

(4)自学成才

学习是无止境的,学到老用到老,推陈出新是历史发展规律。图书馆本身就是一个知识的汇集地,是知识获取的重要场所,在浩瀚的知识海洋里任你遨游。自学要有坚毅的、刚强的信念和意志,钢铁般的心。坚持学习,不断充实自己,增强技能,不断拓展、更新知识,那自学一定能达到自己的理想目的。

4. 结束语

在现代信息技术高速发展的今天,高校图书馆是师生学习研究的重要平台,高校图书馆成为云数据、新媒体、大数据、网络数字化、网络图书及移动图书馆等集多种文献于一体的信息资源系统,高校图书馆服务格局逐步多元化,这就给高校图书馆馆员提出了新的、更高的要求。因此,馆员需通过继续教育,使自己的知识和技能得到完善、更新和提高,不被时代淘汰,成为新时代的弄潮儿,成为复合型专业人才,只有这样才能为高校师生教学及科研提供更深层的专业性服务,对促进高校图书馆事业的发展有所作为。

参考文献

[1] 陈琼. 高校图书馆馆员继续教育探讨[J]. 科技视界,2015(27):208,210.

［2］梁雯雯.慕课:图书馆员继续教育的新模式［J］.图书馆,2015
(11):104-107.

［3］马月丽,王光年.从图书馆现代化发展再谈图书馆馆员的职业
道德教育［J］.当代图书馆,2013(1):72-74.

［4］沈萍.高校图书馆"创客空间"构建［J］.现代情报,2014(9):
158-161,165.

浅论高校图书馆导读工作[①]

【摘　要】大学生检索能力较低的特点及不同的阅读动机，对大学图书馆导读工作提出了要求，指出其对大学生的阅读方法、倾向进行指导的重要性，明确具体的宣传职能，开展多形式、多渠道的导读活动及加强二三次文献开发等具体措施，最后指出馆员应具备良好的素质，在导读工作中发挥作用。

【关键词】大学图书馆；导读工作；阅读特点

1. 引言

近几年来，随着我国全民阅读兴趣的高涨，各高校图书馆及公共图书馆纷纷创办导读性馆刊，新时期开展馆刊导读是及时雨，受广大师生读者喜爱。尽管图书馆不是学校，不存在教育者和被教育者，但图书馆在肩负保存人类文化，传递科学情报，开发智力资源的责任的同时，还肩负着开展社会教育的重任。导读，既是服务工作，又是教育工作，无论是在传统图书馆时期，还是在现代图书馆时期都发挥着重要的作用，导读工作的开展也具有极

① 本文为浙江省教育厅一般课题"个性化主动服务移动图书馆智能终端创新探索研究"（项目编号 Y201635191）部分成果。

为重要的意义。

导读工作是高校图书馆工作的重要组成部分。所谓导读,就是图书馆根据社会发展的需求及馆藏文献的实际,培养学生的阅读兴趣,提高学生的阅读水平和阅读效率,采取各种措施主动引导、指导、辅导学生,使其产生积极的阅读行为,并能正确地使用馆藏文献,有效地利用图书馆的信息资源;帮助读者确定阅读对象,向读者提供其所需要的有关图书目录,所关心问题的学术界或专家的评价,帮助读者在借阅时少走弯路。可以说,图书馆导读工作是一项复杂的系统工程,它不仅需要图书馆有良好的馆藏文献资料,还要求员工有良好的职业道德和业务水平。

2. 高校图书馆导读工作的新内容

图书馆开展导读工作与学校教育工作不同。教学工作是列入学校计划的,学生必须接受。而导读工作则是图书馆为了配合学校中心工作,主动引导学生阅读并合理利用图书馆的一种教育工作,包括新生进校后的入馆教育、馆藏文献的导读、读者检索文献新型技能的培养与提高、参考咨询服务。应开展好这一系列工作,要有针对性;要了解学生的阅读倾向和需求以进行导读,因势利导。不同专业、不同家庭背景、不同类型的学生,他们所借阅的文献资料各不相同。这与他们的个人经历、生活经验,各自的爱好、性格,以及所学专业的特点等因素密切相关。图书馆只有对学生进行认真的分析和调查研究,掌握他们的阅读现状,才能做到心中有数,才能有的放矢地搞好学生的导读工作。目前,大学生的阅读倾向归纳起来有以下几方面。

（1）对人生观、价值观、爱情观的探索

大学生刚进校门，思想十分活跃，求知欲很强，他们很想知道自己的未来，向往美好的明天。他们初涉大学独立生活，更想知道如何与人交往，如何面对人生，如何对待自己的爱情，等等，这些问题都涉及人生观、价值观和爱情观。我们从读者服务窗口反馈的信息发现，大学生，尤其是刚进校门的大一学生，看得较多的杂志有《青年社交》《公共关系》《演讲与口才》《瞭望》《名人名传》，较多的书有《论人性十大弱点》《论人生十大优点》《论人生》《写在人生边缘》等。通过对这些图书杂志的阅读，大学生可以从中得到启示和教育，影响他们今后的交友和人际间的交往。

（2）对择业观、成才观的探索

大学生到了高年级便开始考虑自己今后的出路，考虑就业和工作，因此这些学生在阅读过程中就有明确的动机和目的。为了使自己今后择业的路子更宽，他们不满足于教材上现成的理论，而是广泛阅读各种观点、各种派别的参考书，从中加以分析比较，得出自己的看法和结论。另外，他们还会选修专业课以外的社会上热门的辅修课。这种学生借阅图书的面不会太广，但有一定的专业性、系统性和新颖性。

（3）对消遣娱乐的需求

大学生在紧张的学习之余，需要一些消遣娱乐来放松放松，阅读图书资料或在电子阅览室网上聊天、点播视频节目，无疑是大学生较喜欢的方式，这些学生的阅读心理不确定，阅读动机带有很大的盲目性和随意性。一般阅读的文学作品有武侠类小说、言情类小说、侦探类小说等。而对于理工科的学生来讲，欣赏和阅读中外名著,观看中外有名的、获奖的影片也可以算是一种消遣和娱乐。

3. 图书馆导读工作的意义

前面我们分析了当代大学生的几个阅读倾向,这具有普遍性,但大学生(尤其是刚入校的大学生)在阅读倾向上往往是有一个从不自觉到自觉的过程。第一次踏入大学校门,第一次踏入图书馆,他们会感到迷茫,除课堂上学生听老师讲课以外,下了课不知干什么,到了图书馆不知看什么书。所以高校图书馆开展导读工作意义重大。归纳起来有以下几方面。

(1)有助于精英化教育向大众化教育转变

近些年来,高等教育出现精英化教育向大众化教育转变的现象。这种转变反映了政府对高等教育的重视,反映了在我国,经过改革开放,高等教育已有了长足的发展,开始向西方发达国家靠拢。但高等教育的这一转变,给高等教育本身又带来了一定的压力,毕竟高等教育转向大众化后,大学生的素质明显下降,学习缺乏自觉性和主动性。在这种情况下,图书馆的导读工作就显得十分必要和重要。导读工作,可以使学生有目的地看一些书,来提高自己学习的自觉性和主动性,提高自身的素质和能力。

(2)有助于拓展图书馆的教育功能

国家教育部颁布的《普通高等学校图书馆工作规程》规定:高等学校图书馆是为学校教育科研服务的学术性机构,服务第一,学术第二。图书馆同时还应有教育职能,是学校教育的第二课堂。过去我们讲图书馆教育功能,往往从读者服务上讲得较多,如指导新生如何利用图书馆，为读者辅导，提供书目等，总体上来讲这些教育层面较低，真正的教育功能还未能凸现，而开展导读工作就能提高图书馆教育的水平；也能引导学生阅读，激发学生的阅读兴趣，使图书馆在学校教育方面发挥更大的作用，进而拓展图书馆的教育功能。

（3）有助于提高图书馆工作人员素质

开展导读工作不是一件轻而易举的事情。没有一定的政治思想素质和图书馆业务能力，没有图书馆现代化技术，是开展不了此项工作的。前面已讲过，导读工作是图书馆教育的一部分，如何培养人是一个关系国家前途命运的大事，如果教育者本身的思想素质不高，又怎能培养出好的接班人。此外，导读工作又是一项业务和技术要求较高的工作，图书馆人员既要熟悉馆藏，又要熟悉现代化的技术手段，也要具备与人交往的能力。因此，图书馆开展导读工作有助于提高工作人员思想素质和业务能力。

（4）有助于全面提高图书馆地位

长期以来，高校图书馆一直被认为是学生的第二课堂，在这个课堂中只有学生自己，学生通过自学来获取知识，图书馆仅仅是提供文献资料和服务而已。但导读工作推出后情况就发生了变化，学生第二课堂中出现了老师，这个老师的任务就是引导学生如何在图书馆知识的海洋中找到自己所需的知识，如何进行阅读，提高自己的阅读水平，这个老师就来自图书馆。通过导读学生认识到图书馆也有自己的老师，图书馆老师也能指导自己的学习，图书馆的地位在学生中也就有所提高。时间久了，图书馆工作也会被学校重视。

4. 如何开展学生导读工作

导读工作是对学生读书方向和读书方法的科学指导,是导向与导学的综合。高校图书馆在开展大学生导读工作的过程中应做什么呢? 以下谈谈一些个人的想法。

(1)严格把关,提供健康的、丰富多彩的、专业性强的各类文献资料

首先,要把好采购关。在改革开放和市场经济的大环境下,出版界、图书市场管理不完善,常常会有一些格调低下、不健康的、粗制滥造的书刊投放市场,图书馆采购人员必须不断加强政治学习和业务学习,提高自身的鉴别能力,竭力向馆内提供健康向上、有学术价值的好书,提供社会上热门的、畅销的新书,防止不健康的、庸俗的、有质量问题的书流入馆内。同时,还应根据学校的课程设置、专业设置,组织丰富的书刊资料、声像资料和电子文献资料,以满足学校的教学和学生的课外阅读需求。

其次,要严格把好流通阅览关。文献资料的流通和阅览(包括图书流通、报刊阅览、电子阅览、视听阅览等)是图书馆工作的窗口,也是学生导读工作的主要执行者。所以,图书馆必须对其工作人员加强思想教育和职业道德教育,使他们个个都既有"为人找书"的职业道德,又有"为书找人"的业务水平,这对学生的导读工作十分重要。

再次,要做好藏书剔除工作。对一些有思想错误的书,一些内容陈旧、装订散落的图书,一些磨损严重、图像不清的影片,应

及时剔除,防止流入学生手中,对电子阅览室网络上的不健康的游戏、网站要及时删除。

(2)创造一个能吸引学生的良好阅读环境

随着数字革命和科学范式变革的进程加快,新型图书馆导读的创新,同样处于这场知识革命之中。阅读对当代大学生而言是一种学习,通过阅读可以获取知识,更新观念,形成自己独有的思想和见解;阅读又是一种休闲,通过阅读可以调节自己紧张的学习生活,放松自己的心情。但不管是学习还是休闲,都需要一个良好的环境和氛围。高校图书馆应充分利用自己的优势(如独立馆舍、窗明几净的阅览室、整洁宁静的氛围、现代化的设备等),创造一个良好的、优雅的阅读环境,使学生一走进图书馆就能感受到读书的氛围,产生阅读的欲望。现在,不少高校图书馆在新馆建设中,把一楼大厅开辟出可以提供学生休闲的书吧或咖啡吧,配上一些名诗名画,或放一些报纸杂志,播放一些轻音乐,其目的就是吸引更多的学生到图书馆来。通过这个窗口学生可以了解图书馆的最新动态,享受在图书馆得到的舒畅和休闲。通过这样的服务,吸引更多的学生来图书馆博览群书。

(3)举办丰富多彩的讲座,发挥专家学者的作用

现代图书馆一般都在馆内建有报告厅。高校图书馆要充分利用报告厅,积极举办丰富多彩的讲座,发挥专家学者的作用。首先,专家学者对当前的学术研究动态、最新的学术成果有更多的了解。通过他们的介绍,一方面学生可以少走弯路,快捷地了解最新的学术信息,另一方面也可以使学生直接接触学术研究的前沿地带,缩短摸索的过程。其次,专家学者对专业的学习研究

有一定的心得体会,通过他们的介绍和引导,学生还可以知道在大学时代应读哪些书,怎样去读书等,做到有的放矢,心中有数。所以,高校图书馆定期开设一些讲座,发挥学者们的"传、帮、带"作用是非常重要的。

(4)加强校内横向联系,开展丰富多彩的读书活动

为了使导读工作更有成效,图书馆还应积极利用校内资源,加强校内二级学院(或系部)的联系,共同做好此项工作:①可以根据二级学院(或系部)为学生开出必读书或参考书目,尤其是对文科学生,图书馆可与二级学院(系部)开展"读百部书""看百部影片"等系列活动,每次活动除了读和看,还要求学生写出评论或心得,在此基础上进行交流和评奖。②可以与学校团委、学生会联系,根据形势的需要和学校的要求,就某一专题开展读书会、报告会和作品展等,如纪念抗日战争胜利的影视展、纪念鸦片战争的图片展和读书报告会。通过活动,增加学生对历史的了解和兴趣,也促使他们去查阅这方面的文献资料。

(5)利用图书馆宣传窗、网站,开展新书推荐和书评活动

现阶段图书馆正处在混合期,即传统图书馆与数字图书馆的混合型图书馆时期。一方面,我们要继续利用好图书馆的宣传窗,积极开展读者宣传工作,同时也做好导读工作,如新书目录推荐、新书书评等。另一方面,我们还要积极利用图书馆网站开展导读工作,如根据本馆读者近期阅览或借阅的频率推出排行榜,在网上开辟BBS读者论坛,让读者来向大家推荐好书,从而引起讨论和关注,激发学生的阅读兴趣。此外,图书馆还可以通过开设文献检索课的途径,向学生介绍如何利用图书馆,如何查阅图

书馆文献资料,使学生在学习的过程中更加了解图书馆,更有效地使用图书馆藏书。

5. 导读工作中应注意的问题

(1)导读工作要做到有的放矢

马云在谈到其创业的成功经验时说,办网站就好比开茶馆,茶馆是交流场所,客人喝茶谈生意聊天,我们提供场所平台,收取服务费。这就是"茶馆理论"。

高校图书馆开展导读工作要有针对性,要做到有的放矢,根据大学生不同的学习程度开展相对应的导读。如刚入校的低年级学生,导读工作侧重于引导读者先读哪些书,后读哪些书,如何激发大学生的阅读兴趣。因为刚入校的大学生面临从高中到大学的转型期,有一个适应的过程,从迷茫、不自觉到清晰、自觉阅读。而对于高年级的大学生,则应重视他们的学习能力和学习效率的提高,侧重对专业知识获取方法的引导。图书馆还应根据大学生所学专业的不同,开展针对导读工作,如文科学生和理科学生,他们所学专业不同,阅读也有很大的差异。因此导读工作也应区别对待,寻找合适的方法。

(2)导读工作要有深层次服务理念

未来图书馆更强调文献的传递,人们将根据图书馆所提供的服务而不是拥有财产来评估它们。处于网络环境和知识经济时代,用户生活和工作的节奏快,他们渴望优秀的经验丰富的导读馆员,能对阅读进行必要的指导并提供准确帮助。因此,导读工作是图书馆有特色的深层次服务。为了使导读工作能长期有效地开展,图书馆必须要制订出一个计划。这个计划应有两个方面的内容。第一,制订出常规性的导读工作计划。例如新书推荐、读书排行榜、不同专业学生的阅读参考书目、举行读书活动或讲座等。第二,根据具体情况制订阶段性的导读工作计划。这个阶段性的工作计划是指遇上一些重大纪念日,如中国电影百年纪念、抗日战争胜利纪念、世界反法西斯战争胜利纪念、毛泽东诞辰等,图书馆可利用这些重大的纪念日开展读书活动,通过活动增加对历史的了解,增强学生的自觉性和主动性。

(3)导读工作要尽量取得校方和系部的支持

导读工作一方面是图书馆的工作,由图书馆来完成。但从教育大学生成才的角度看,它又是一项全校性的工作,不能片面地孤立地看待。首先,开展此项工作必须得到学校领导的重视,让学校领导意识到开展此项工作是学校整个教育工作的一部分,从而在经费上保证图书馆能顺利开展此项工作,如购书经费增加、评奖活动的奖品等。其次,开展导读工作还应得到各学院(系部)的支持,因此学生的必读书目和选修书目来自学校教务处和各个教学系,图书馆本身不可能给学生提供这些书目,因为这其中涉及不同的专业和学科。此外,开办讲座和读书报告如果有学院(系部)的支持,学生的参加会更活跃。最后,开展导读工作还应与学校团委、学生会联合,这样参与的学生会更多,涉及的面也会更广泛。

6. 结语

高校图书馆要高度重视导读成果的传播,共享资源,实现馆员服务、素质专业化,确保高校健康可持续发展。首先,要利用导读成果的传播,针对读者阅读采取电子邮件方式,将导读成果主动传递到读者手中,为读者提供学术动态和学术情报。同时,也可以将导读成果放于图书馆网页或通过期刊、音像的方式提供给读者,做到资源信息共享,大大提高导读成果的利用率。最后,要在校园内营造积极向上的阅读氛围,使校园成为智慧文化校园。

参考文献

[1] 蒋永新.当前美国高校图书馆参考咨询工作述略[J].图书情报知识,2002(1):73-75.

[2] 钱军,郑艺,胡金蕾.数字图书馆与导读[J].现代图书情报技术,2002(2):14-17.

[3] 康莉平.网络环境下的图书馆导读工作[J].津图学刊,2001(4):59-60.

[4] 郭竹英.进一步深化高校图书馆导读工作[J].山西科技,2002(1):24-26.

[5] 严玲.高校图书馆导读工作新探[J].图书情报工作,1998(3):44-45.

[6] 李雪松.全民阅读视域下图书馆阅读推广特征及趋势分析[J].图书馆研究与工作,2017(4):57-61.

高校电子阅览室的基本建设①

【摘　要】建立电子阅览室是高校图书馆现代化发展的一个方向,本文探讨了高校电子阅览室在环境建设、阅览室设备和网络环境建设、电子出版物采集及工作人员的素质要求等相关问题。

【关键词】高校图书馆;电子阅览室;建设

近几年,不断发展的高校电子阅览室,是集网络、电子出版物阅读于一体的多功能的、现代化的阅览室,它为师生提供各种电子出版物的阅读、网络检索等信息服务,深受师生的欢迎。更重要的是,高校电子阅览室是培养学生利用网络技术不断获取新知识的重要场所。高校电子阅览室的建设和管理涉及多个方面,如环境布局、硬件和软件配置、电子出版物的收集、人才配备及培训等。本文就此类相关问题谈几点粗浅的看法。

1. 电子阅览室的环境建设

良好的环境氛围是学校电子阅览室建设必不可少的条件。读者走进阅览室,希望能感受到舒畅的环境,工作人员也希望阅

---

①　发表于《浙江高校图书情报工作》2003 年第 4 期。

览室布局合理、便于管理。计算机设备的运作对环境也要求较高。因此在高校电子阅览室的设计上应重点考虑：①选择宽敞、通风条件好、清洁干爽、安静的场所，尽量避免设备的搬动。②室内的光线要充足，因为有些读者上机时需要借助书籍，因此电子阅览室在照明设计上应考虑周全。③室内的布置要优雅、清爽，应尽量多采用绿色的装饰性的植物和色泽淡雅的窗帘，因为学生上机的时间一般都较长，长时间面对电脑荧光屏，很容易引起视觉疲劳。因此，在环境色调的选择上应选用绿色等色彩。

高校电子阅览室的布局应简洁明快，以便工作人员的管理和师生的利用。整体上采用开放式的设计，这样可让工作人员一目了然，一般要求：①机房重地，放置网络服务器、网络通信设备、光盘塔及服务器等重要设备。②读者上机阅览区，如光盘浏览区、数据库检索区、上网浏览区等。③工作区，是工作人员解答读者问题、指导读者就座、帮助读者存取光盘的地方。④单独的、较大的网络培训室。高校电子阅览室布置合理不但可以提高工作效率和设备利用率，也便于加强管理。

2. 电子阅览室的设备和网络环境建设

在高校电子阅览室的建设上，要根据实际需要来确定规模和档次。网络模式和硬件设备的选择具有良好的扩展性和兼容性，搞好信息服务网，优势互补，资源共享，抓好馆藏数据库的建立，为机器的升级改造、网络系统的完善和以后的发展打下良好的基础。

高校电子阅览室的建设应以能充分利用网上资源、发挥最佳的社会效益和经济效益为前提。当然，电子阅览室在规模、硬件和软件的建设档次上,要根据学校的实际情况来确定。这是因为:①目前许多高校图书馆都面临经费紧张的难题,高校电子阅览室需要投入的资金又较多,而目前图书馆的重点仍在基础业务。②电子阅览室的建设应以能最大限度地满足学习、教学和科研的需求为前提。因此,建设前期有必要对本校师生的需求情况做好预先调查工作。

电子阅览室的功能和效用在发展中逐步完善。其重点是为完善师生充分利用网络信息资源提供导航服务,包括检索服务、阅览服务、网络培训,以及提供网上信息查询等。与此同时,建设内容和范围也相应扩大。如我馆通过举办"校园网站"活动来培训网络爱好者,对馆内的职工进行互联网普及教育;成立的网络俱乐部等,定期开展各种活动,征求和听取各种反馈信息和意见,同时也不断要求充实我馆的主页内容;通过与采编部、地方文献室、信息部的合作,我们开发的最新书目数据库、地方名人、名家数据库等对通信技术、光盘技术、多媒体技术提出了较高的要求。这些工作的开展当然对电子阅览室在建设、管理及维护上也提出了更高的要求。除了网页内容的不断更新外,病毒的防护也应高度重视。电子阅览室作为公共的上机场所,联网的电脑感染病毒的概率较高,因此应设立防火墙。另外,电子阅览室在建设和服务规范上应按行业管理规范运作,必要时采用法律手段来约束管理以确保电子阅览室的健康发展。

3. 电子出版物的采集

电子出版物的采集是图书馆向网络技术发展的一项重要工作,也是电子阅览室建设的一项重要内容。电子出版物的采集需要有高素质的人来担任。它要求采集人员既要有明确的采集方向，又要有好的思路，必须对电子出版物本身的质量、运行的硬件环境有较系统的了解。目前，电子出版物信息的搜寻、选择、获取，将会更全面、更迅速、更简便，而电子出版物的采集大多由电子阅览室的工作人员承担。由于没有电子出版物采集标准，容易造成采集工作较大的随意性和文献资源的浪费。因此，在建立高校阅览室时，要重视电子出版物的采集工作。

电子出版物的种类繁多、内容广泛，需要有明确的采集计划。只有这样，电子出版物才能更好地为广大师生服务。电子出版物的采集人员应经过专职培训，熟悉软件的功能、用途，业务精通，同时应多与编辑部的工作人员沟通和协调，将电子出版物的采集纳入高校图书馆文献资源建设的范畴，使电子出版物与其他类型的文献在内容和功能上能够互补。这样就能避免重复建设，造成不必要的浪费。

电子出版物的采集不同于其他文献、书籍的采购。电子出版物要求较高，涉及出版时间、制作人员及产品质量、售后服务等问题，同时还要重点查看电子出版物对软、硬件的环境要求。因此，采集人员在采集前应对市场做好广泛的信息调查，要以最小的花费获取最大的采集信息和效益。千万不可贪图方便，图眼前利益，把劣质电子出版物采集进来。

4. 工作人员的素质要求

高校电子阅览室设备先进，互联网资源也非常丰富，因此，培养一支高素质的专业人才队伍非常重要。图书管理人员应树立高度的工作责任心，全心全意为师生服务，为教学科研服务；要爱岗敬业,充分意识到图书馆在服务育人中应发挥的重要作用,努力使图书馆成为培养创新、博学人才的基地;要有甘为人梯、无私奉献的工作作风;工作时热情饱满、举止端庄,要有耐心细致的服务态度。笃学是对业务的基本要求。管理人员既要具备基本的专业理论知识,又要具有一定的实践经验和组织管理能力,不断熟悉业务,提高管理能力,提高工作效益,努力做到管理的规范化和科学化。他们要掌握一定的图情知,懂外语、网络技术,具备知识的综合分析能力和创新能力。只有这样,高校图书馆管理人员才能管理好电子阅览室,适应时代的需求。

参考文献

[1] 刘彦瑜,段蓓红. 网络环境下高校图书馆信息资源的开发利用[J]. 图书馆,2003(1):61-63.

[2] 裴敏. 浅谈电子阅览室的建设[J]. 河北科技图苑,2002,13(2):38-39.

绉议文献传播与图书馆^①

【摘　要】图书馆学是一门综合性很强的学科,天生带有知识传播的特征,其内涵和外延在新时期都有着极大的变化,而文献提供是由图书馆的知识传播这一最基础职能演变而来,文献传播也可作为未来文献提供发展前景的一个例证,文献传播学离不开图书馆学这门学科,二者相互依存。

【关键词】高校图书馆;文献传播;高校图书馆职能;文献资源信息

人类的产生,无疑是宇宙的一个奇迹。人类每前进的一步,都包含前人的辉煌创造。这些通过文献资料记载和知识的传承积累,流传至今。人类生活离不开信息传播。

图书馆学是一门综合性很强的学科,它天生带有知识传播的特征,其内涵和外延在新时期都有着极大的变化,而文献提供是由图书馆的知识传播这一最基础职能演变而来的。图书馆是图书文献传播发展到了一定的阶段才形成的,是以图书文献为基础的。图书馆是知识和文献的聚集中心,它的重要性和社会的认可

①　本文为浙江省教育厅一般课题"个性化主动服务移动图书馆智能终端创新探索研究"(项目编号 Y201635191)部分成果。发表于《文化创新比较研究》,2018 年第 5 期。

度使其成为全民阅读、查阅资料的主要场所。文献传播学离不开图书馆学这门学科,两者相互依存。

在网络世界的今天,人们可以看到任何想看的东西,也可以发表自己的见解、文章或小说。网络出版物层出不穷,改变了文献传播的方式,也改变了人们的阅读方式。这种改变并没有影响图书馆与生俱来带有知识保存的职能。这就给我们提出了一个课题:文献传播与图书馆密不可分。

1. 文献与文献传播关系

文献是"记录有知识的一切载体"。文献本身也随着知识保存和知识传播技术的变革而发生变化。文献的形态指文献的载体与制作方式、出版形式。在中国文献史上,从古到今,随着社会的发展,文献载体经历了甲骨、陶器、玉器、石器、竹简、缣帛、纸本、电子本、现在的大数据等。从文献的类型进行划分,一般分为两大类:一类是印刷类文献,包括图书、报刊等文献类型;一类是非印刷型文献,包括手稿、笔记、手写本及电子版的光盘资料和视听资料,网络媒体资料也可归入非印刷型文献。而文献提供,就概念的定义而言,这与文献提供这种图书馆传播知识职能的服务模式本身相联系,随着信息技术革命不断更新、创新,其形式和内容也不断发展。就文献的功能而言,它具有存储知识的功能,是传播知识的工具,也是人类认识客观世界的重要渠道。

文献学的核心内容是研究知识与信息的科学组织和有效利用。人类正面临知识经济的挑战,文献学从来没有像今天这样受到高度重视。因为在全球经济飞速发展的当下,国家提出"一带一路"倡议、开展国际产能合作、共建互联互通网络,比以往任何时期都更加依赖知识的获取和创造性的利用。文献学的研究内容主要是文献搜集、组织、传播、检索的理论与方法,文献学的根本任务就是获取知识的手段和知识利用方式的科学化与高效化。

文献传播,指在一定的社会条件下产生于社区、群体及所有人与人之间的一种文献互动过程,同时也是使文献信息活化、实现文献资源效能的过程。它与人类社会的生存与发展有着密不可分的联系,现代传播产业及文化机构的蓬勃发展便是建立在文献传播不断发展的基础之上的。这种发展使文献传播不断社会化、大众化,而且走向网络化,从而发展和延续着人类创造的精神与智慧。因此,可以说文献传播延伸了人类的意识,并在时间与空间上有效地扩展,成为人类文化中的一个最基础的部分。

2. 文献传播的方式及其功能

（1）社会传播的方式

文献传播是人类社会中司空见惯的古已有之的信息传播行为,是人类信息传播的一种形式。文献传播内涵是一个较复杂的过程,涉及传播者、中介、受传者三个环节。从文献传播的意义上讲,文献传播不仅仅能实现文献的内在价值,而且能产生文献的增值现象。文献的增值现象,是指文献传播激发受传者的创造性思维,从而产生新的思想和新的知识,导致新发现,诞生新成果。文献传播的方式有三种:①直接传播;②中介传播;③转换传播。由此可见,文献传播与人类社会的发展和生存相辅相成,而文献传播质量及水平不但受当时社会环境的制约,也对社会发展具有反作用。信息时代的今天,人类信息传播的格局发生了巨大变化,文献传播正趋于产业化、网络化、电子化、国际化和多元化,形成多元化复杂的文献传播环境,文献传播已成为人类用来保存和延伸智慧与记忆,进而创造社会文明的重要手段。

传播学内容五要素包括:文献信息传播者、文献信息、传播媒介、受传者和传播效果。文献的社会传播方式具有规模大、范围广、传播受众多的特点,具有广泛的社会性。它包括:①出版发行系统的传播。文献一旦符合出版社要求,便由发行系统(新华书店等)向社会传播。②图书馆的传播。图书馆从新华书店等购得文献,并使之成为自己的馆藏,经过加工、整理、上架供读者借阅。③捐赠活动。由某个集体或个人向学校、图书馆捐赠图书、期刊等。④国际交流。国家与国家之间、学校与学校之间、图书馆与图书馆之间进行的图书资源的交流。

(2)学术交流的方式

学术交流的文献传播方式是局限在一种高层次的精英和骨干人群的传播方式。一般包括:①学术研讨会。由某一方面的专家学者参加的学术交流活动。在研讨会上,大家会就某一专题开展讨论,拿出自己的学术论著或者论文进行交流。②读书报告会。一般在大学里举行读书报告会的机会较多,由知名学者或社会名流给大学生讲座,并推荐相关的书目和图书。③教育培训。教育培训其实也是一种文献传播的方式。在教育培训期间,接受教育和培训的人需要看不少的文献,并进行研究。

(3)网络传播方式

随着计算机网络技术的崛起和普及,网络技术已经越来越得到人们的青睐,人们预测 21 世纪是网络时代。网络时代已实现电子商务、传统图书馆、数字图书馆、智慧图书馆、虚拟(移动)图书馆、复合图书馆等,人们已真正经历足不出户便知天下事,足不出户便可得到想要的东西。有报道称,目前中国社会网络族人数已大增,就连学术氛围较浓的北京大学也如此,这种趋势构成对重点院校图书馆的有力冲击。

3. 文献传播的功能

(1)促进人类社会的沟通和交流

文献传播可由群体传播或组织传播,也可由专门的传播机构(如图书馆、出版社、档案馆、情报所等)进行传播。文献传播活动的目的是使社会成员通过这种特殊的人类交流方式,达到人类智慧与信息的交换和共享,使社会中的个体达成一种普遍共识与认同。一本书、一篇文章或是一篇演讲稿,都是人们表达思想的一种载体,通过这种载体可以把个人的思想传递给更多、更广泛的人群,文献就具备这样的功能,并能促进人们之间的交流和沟通。因为人们通过阅读后又产生了新的思想和想法,于是又有了进一步的沟通和交流。文献传播对人类社会的发展具有非凡的意义,它能积累存储文化信息、科学信息,发挥社会导向、社会调节和社会控制的作用,以促进社会繁荣昌盛。

(2)促进人类社会的教育及普及

每个时代,不同的国家和民族,都有各自的价值观和人生观,文献记录了各时代、各社会、不同国家、不同民族的思想、观念、礼仪、制度等。文献在交流的过程中,向不同的人们提供了各种可供选择的思想和文化,人们在选择这种思想和文化的同时,又希望在一定的人群和社会中形成共同的思想和价值观,而且也正是通过这样的文献传播活动来感染人们的思想情绪,规范人们的行为,文献传播正是促进了人类的这种教育和普及,它是文化传承的主要手段。

(3)影响社会的变迁和发展

社会变迁是指社会系统与社会结构的改变,其中包括社会角色、社会规范与社会价值的改变。而社会发展还是由社会变迁从低级向高级的转变的过程。前面已谈到了文献传播的过程,本身就是人们思想观念的交流和沟通,在这种交流和沟通的过程中,先进的思想观念逐渐地被人们接受,人们在接受新思想、新观念的同时,也抛弃了一些陈旧的、落后的思想和观念,从而大胆地进行社会改革和革命。

4. 图书馆定义及其功能

(1)图书馆定义

图书馆是由图书文献传播发展到了一定的阶段才形成的,是以图书文献为基础的。图书馆是知识和文献的聚集中心,它的重要性和社会的认可度使得其成为全民阅读、查阅资料的主要场所。在古代,文献传播受到了局限,只能在少数文人和有钱人中进行,并且当时对文献的态度还是重藏轻用,不提倡传播。随着科学技术的发展,人们观念不断更新,文献传播速度也开始加快,到 19 世纪出现了近代图书馆。近代图书馆提倡服务公众、服务社会,向社会开放,强调图书馆的教育性,传播文化科学知识及为社会培养人才的作用。这样一来,又进一步加快了文献的传播,扩大了文献传播的范围。现代图书馆时期,随着图书馆交流的国际化,文献传播技术的现代化和网络化,图书馆开始从实体走向了虚拟,出现了数字图书馆、虚拟图书馆及智慧图书馆,人们可以足不出户查阅任何所需的图书和资料。图书馆在文献信息传播中发挥巨大作用,始终处于文献信息传播的重要位置。

（2）图书馆的功能

保存人类知识是图书馆的天职,图书馆的基本职能就是收集、整理和提供文献信息等。图书馆是图书文献传播发展到了一定的阶段才形成的,是以图书文献为基础的。图书馆功能有以下几个方面:①收集保存的功能。这是图书馆最基本的功能。没有对文献的收集和保存,图书馆也就不存在了。最初图书馆的发展就是靠大量收集和保存文献,文献数量越多、越丰富,图书馆的规模也就越大。图书馆收集和保存了人类丰富的文化遗产,从古代的藏书楼到现代的图书馆,这个功能始终不变。②读者服务功能。图书馆读者服务功能的提出最早可以追溯到近代。资产阶级民主革命胜利,社会重视公民的平等和民主,公民享有受教育的权利。图书馆作为公共事业应为公众服务。一批近代图书馆学者纷纷著书立说,表明自己的立场,较有代表的如印度著名图书馆学家阮冈纳赞的"图书馆五法则",其中四个法则都谈到了图书馆为读者服务的工作,"书是供使用的,书是供所有人使用的;每部书有读者,节省读者时间"。直至今日,读者服务的功能依然不变,读者第一、服务至上仍然是图书馆工作的信念。③教育学术功能。近代图书馆在强调读者服务的同时,也凸现了图书馆的教育功能。人们到图书馆看书学习的过程就是接受教育的过程,所以才会有图书馆是"知识海洋""没有围墙的大学"之美称。在大学校园内,图书馆还被称为学生的第二课堂。除了教育功能,图书馆还具有学术功能,图书馆藏有大量的文献资料,为专家学者的研究提供帮助,《资本论》就是在英国的大不列颠图书馆内完成的。在图书馆,随着管理人员素质的提高,推出二次文献服务,大大方便了研究人员的学术研究。④文献信息传递与开发功能。图书馆收集保存文献,目的是提供读者使用,而不是重藏轻用,读者利用文献的过程其实也就是一种交流的过程(不是双向交流)。可以说,图书馆有传递文献信息的功能。而随着图书馆服务水平的提高,推出馆藏书目、索引等二次文献服务,以及文摘、综述等三次文献服务,这个过程也就是图书馆的文献信息的开发过程。因此,图书馆除了传递功能外,还有开发功能。⑤休闲娱乐功能。随着社会的发展、人们生活水平的提高、教育的普及,人们在满足物质文化生活的同时,追求文化生活的享受,到图书馆看书学习已不再像以前那样是为了工作或生活的奋斗,而是把看书学习当作一种人生的享受。图书馆环境优雅、服务优良,给人们提供了一处休闲娱乐的好去处。现代的图书馆不光有传统的文献资料,还有视听、多媒体阅览室等,也是全民阅读、查阅资料的休闲聊天的好场所。因此,图书馆又具有休闲娱乐的功能。

5. 文献传播与图书馆及其内涵比较

我们对文献传播和图书馆都做了一些介绍。可以说,文献传播和图书馆都是随着人类社会的发展而发展的,经过长期实践和发展,人们积累了丰富的经验,形成了一定的理论。图书馆学可以说是一门古老而年轻的学说,它是处在不断丰富和发展之中的。"不疾而速,不行而至"是古代史学家对文献在时间和空间范围里传播的生动描述。从最早的古代图书馆学、近代图书馆学到现代图书馆学、信息管理学、知识管理学等,人们还在探索之中,而文献传播的理论研究在国内始于 20 世纪 80 年代后期,较有代表的有周文骏的《文献交流引论》、周庆山的《文献传播学》。经仔细研究,就会发现两门学科分别还有各自的内容。

第一,文献传播与图书馆都离不开文献。没有文献,传播就无从谈起。同样没有文献,图书馆也就不复存在。有了文献,才可能出现传播,才可能有图书馆,它们相互依存。而文献传播本身也是图书馆研究的一个方面,图书馆藏有大量的文献资料,其目的就在于通过为读者提供借阅服务,实现文献的利用,并产生收益。再从追本溯源的角度看,文献传播的研究来源于图书馆的研究,它们是一脉相承的。

第二,从研究目的看,文献传播学研究的目的主要是促使文献传播过程的畅通,而图书馆学研究的目的除了保证文献传播的畅通以外,更主要的是研究管理和组织,以促使文献传播后产生效果和效益。从研究对象看,文献传播学研究对象主要是文献传播,图书馆学除了研究文献传播以外,还要研究与之相关的组织和管理,研究图书馆的读者和服务等。从研究范围看,文献传播学近年来开始受到大众的关注,发展时间较短,研究范围仅仅局限于文献传播,高校图书馆学则发展较成熟,研究范围也较广泛,包括图书馆哲学、图书馆统计学、读者工作、图书分类学及读者心理学等。

通过以上分析,笔者得出以下结论:第一,文献是文献传播和图书馆共同研讨的内容。第二,文献传播研究是文献传播过程,而图书馆学除了研究文献传播过程,还有文献传播结果和效益。第三,文献传播学涉及的仅仅是文献传播的规律及其特点,而图书馆学涉及的除了文献传播规律、特点,还有从事文献传播的人。可以说文献传播学是图书馆学的一个分支,是从图书馆学中延伸出来的一门学科。第四,如果把文献传播与文献管理结合在一起,形成文献传播管理,研究的角度就从传播拓展到管理,这样一来也许就更接近图书馆学的学科,因为讲到管理就必然涉及人、财、物,必然涉及管理效益。第五,从文献传播与图书馆发展的长远趋势看,随着网络技术的发展,文献传播与图书馆数字化的发展必然会使两者的结合越来越密切,如果说信息管理、知识管理及知识交流与图书馆学还有这样或那样的联系,那么文献传播管理则是与图书馆学联系最紧密的、最有可能和图书馆学融为一体的学科。总之,文献信息传播与图书馆之间的关系,不论从学科体系、结构、内容还是理论研究来看,都密不可分。

6. 结论

我们正处在一个新的传播时代,网络传播具有空前的包容性,文献传播的模式也会发生巨大变化,"及时化""快车化"成为一种不可阻挡的趋势。但正如历史所证明的,真正能够经受时间考验,成为人类文明成果的往往是那些经过千百次传播之后的文献信息,只有这些才能成为人类文明的代表和印记。文献传播的魅力就在于此。文献记录人类文明与文化,传承下去,过去如此,未来也是如此,人类文明也将步入新的更大的辉煌!

参考文献

[1] 王广生,戴佩玉.图书馆与文献提供:在人类知识保存和传播视野下[J].河北科技图苑,2010(11):33-35.

[2] 任红.高校图书馆文献信息资源共建共享的探究[J].通化师范学院学报,2008(4):53-54,58.

[3] 赵琪.独立学院图书馆信息资源建设现状调查与分析[J].图书馆建设,2010(4):46-48.

[4] 潘树广,黄镇伟,涂小马.文献学纲要[G].桂林:广西师范大学出版社,2000.

[5] 王京山.文献传播[G].北京:中国轻工业出版社,2010.

[6] 罗少芬.高校图书馆文献信息传播缓慢原因及其解决方法[J].图书馆论坛,2004(1):134-136.

[7] 达式喜.文献信息传播效果分析[J].情报杂志,1996,15(6):10-29.

[8] 高明.探析学术文献传播和运用的新途径:开放访问运动[J].图书馆建设,2005(5):28-31.

第三篇　展望·未来

浅谈媒介素养教育在高校图书馆中的作用及意义^①

【摘　要】媒介素养教育是高等教育学、传播学关注和研究的课题,提升大学生的媒介素养也是当今高校图书馆教育服务的一项重要任务。进入 21 世纪,新媒体的蓬勃发展要求当代大学生具备相应的新媒介素养,在大学推广媒介素养教育对社会健康发展及高校教育改革、发展具有重要意义。

【关键词】媒介素养;媒介素养教育;高校图书馆;必要性

浙江传媒学院作为一所新建的本科艺术类院校具有鲜明的办学特色,在全国享有较高的声誉。培养艺术专门人才,图书馆是凸显教育作用的重要平台之一,云数据、新媒体、大数据、网络数字化、网络图书及移动图书馆等集多种文献于一体的信息资源系统为人才培养提供了重要保障。艺术类高校图书馆与普通高校不同,其服务格局逐步多元化,除提供一般的文史、社科文献资料服务外,还提供更多的具有艺术特色的学习资料,特别是声像资料。在当今信息时代,大众媒介对国民生活的影响已经远远超

①　浙江省教育厅一般科研项目"个性化主动服务移动图书馆智能终端创新探索研究"(项目编号 Y201635191)部分科研成果,已发表于《声屏世界》2018 年第 1 期。

过以往的任何历史时期,大众传媒正在日益改变人们的思维、素质、行为方式。因此,要认清现实社会与媒介世界之间的界限,人们就必须提高自身的媒介素养,加强获取、分析、评价和传播媒介信息的能力及正确使用媒介和抵御媒介不良影响的能力。当今大学生对互联网的依赖尤其严重,如何有效地处理信息、解读媒介信息背后的含义,如何抵御外界不良媒介的侵袭,清除网络上的文化垃圾并规范网上行为,显得非常重要。

1. 媒介素养和媒介素养教育的含义

媒介是文明形式的重要决定因素。在我国,媒介素养的概念是地道的舶来品,始于 20 世纪 30 年代的英国,其目的是保护英国的价值观念与传统文化不受当时流行文化的冲击。随后,媒介素养在欧洲发展为一种新的学校教育科目。具体而言,现代人所具有的媒介素养应包括获取、辨别、评价和运用媒体信息。一个具有媒介素养的人,他首先能够对媒体内容进行分析、区别和反思。媒介素养与媒介素养教育密切相关,前者是后者的目标和方向。更具体地说,媒介素养是一种教育,这种教育的目的是增加学生运用媒介、通过媒介传递意义、将媒介组织起来的能力及构建现实的理解和享受,同时也旨在培养学生具有创造媒介产品的能力。所谓媒介素养教育,是指受教育者正确理解、建设性地享用大众传播资源,培养受教育者健康的媒介批评能力,使其能够充分利用媒介资源完善自我,参与社会发展。

2. 媒介素养教育的目的

（1）提高媒介认识能力

当今信息时代，虽然新闻媒体已为大众所熟知，但媒介又是个复杂的组织形态，包括媒介经济、媒介政治、媒介科技、媒介法律、媒介运用机制、媒介文化等众多内容。媒介已经成为社会追逐、利用的工具和途径，也是进行传播信息、宣传主张、推销商品、引导消费、进行娱乐的工具。建立解读媒体的思辨模式，学会如何理性地辨别信息的意义，辨别媒介与社会真实，不盲目相信或采用信息是十分重要的。当代大学生必须建立起解读媒体本质与表象、真实与虚伪的基本能力，能够客观地评价媒介的性质、功能和局限，认清媒体的组织建构及其与政治、经济的各种微妙隐形关系，从而对媒体所传递的信息进行思辨、解读，透视信息背后隐含的意识形态、价值取向，提高自身对传媒信息正确的评估和选择能力。

（2）提高媒介的批判能力

在不同的经济、政治时代，不同国家、不同地区，通过媒介获取的信息也会不同。增强接受批评的意识，是媒介教育受众主动参与大众传播活动的重要内容之一，以批判学习的心态对待各种媒介可有效地防止自我消失。有学者认为："批判思考是传媒教育的核心要素，也是未来知识工作者必须具备的技能。"以批判学习的心态对待各种媒介可有效地防止自我消失。这里所提到的媒介批判意识的培养，主要是强调受众接触媒介和大众传播活动时的主动意识、主动权的培养，是在目前和未来的大众传播媒介信息的"狂轰滥炸"面前保持独立思考的习惯,并不是对大众媒介和大众传播活动的盲目否定,而是通过国民甄别,在具有怀疑精神和科学分析精神的指导下逐步提高大学生的媒介素养能力。

(3)提高对媒介的利用能力

通过教育促进和推动大学生媒介素养的全面提高,帮助大学生增强了解媒介所承载和播出信息的本质及其形式的能力,熟悉寻求信息的方法,并具备评估、解释、判别、选择、组织及综合信息的能力是媒介素养教育的核心内容。帮助大学生不断重视科学,利用媒介,积极参与制造适宜、健康的媒介生态环境和氛围,推动文化传媒事业的发展非常重要。大众传媒提升社会效益,并促使社会效益可持续发展,并得到更好的经济效益。媒介素养教育要求培养信息解读技巧,这不仅仅要求读懂大众传播媒介信息,而且要善于拨开信息表面的迷雾,读懂信息背后所传达的意义。在世界新闻传播的历史上,许多媒介在许多的时间都曾经以非常隐蔽的手段传播一些需要人们具备高超的解读技巧才能识辨真伪的信息,同时需要科学地控制自我的因素来解读信息。对媒体而言,传媒素养教育提醒和增强传媒人的责任意识,注重媒介公信力、媒介道德性、媒介公正性、媒介的社会良心,利用媒介的影响力推动社会的文明进步,引导科学的生活方式。

3. 媒介素养教育的现状及问题

(1)现状

国内媒介素养教育的现状严重滞后,尤其是我国当代大学生的媒介素养尚处于较低的水平,大学生往往是凭自己的直觉、感悟及兴趣爱好来确定媒介素养的正确与否。当代大学生媒介素养表现在:不能正确使用新型媒介,媒介规范意识淡薄,处于低水平状态。如何提高大学生在大众传播过程中的主体性批判意识,减少媒介信息的负面影响呢?首先应加强大学生在大众传播媒介的社会责任,因此对当今大学生开展媒介素养教育刻不容缓。

（2）问题

当代大学生都是在大众媒介十分普及的环境中成长的,生活水平较高,电脑、手机、iPad等基本普及,对大众传播媒介的接触非常多。因而,目前大学生在媒介接触上存在的主要问题为:将媒介接触作为一种娱乐、消遣的方式,过分依赖网络,获取准确信息的能力不强,接触面狭隘,理性认识欠缺;信息的分辨、筛选、利用能力也不够强,不能正确使用网络;信息道德和信息法规意识较差,媒介道德水平偏低;社会阅历短,社会经验少,不易了解、掌握媒介接触的安全规则。

4. 传媒学院图书馆提升大学生媒介素养的紧迫性和必要性

传媒学院图书馆深入贯彻落实党的十九大精神,紧紧依托"文化建设、文化自信、民族复兴、社会富强"的理念,坚持特色发展、创新发展、内涵发展、国际化发展,努力把学校建设成具有特色的艺术学院智慧图书馆。

（1）必要性

国内传媒学者提出,在大学启动推广媒介素养教育的战略,建议在大学教育中首先导入媒介素养教育,把大学作为媒介素养教育的切入点和主阵营。提升媒介素养教育是培养人们进取的科学态度，是一种思想启迪和思维训练，对于国家来说是一个长期的社会工程。传媒学院的学生会更多地接触媒介，因此我校新闻传播学院在传播学科中加强了媒介素养知识推广，无论在师资建设、专业理论课程还是在实践平台上都突出了媒介素养能力的训练。传媒学院图书馆在强化校园舆论、传播媒体和文化设施建设等方面具有得天独厚的优势。

促进大学生全面发展，在大学推广和提高媒介素养教育是可行的。把媒介素养教育纳入素质教育，将对当代大学生的学习方式及思维方式产生极大的推动作用，也是当今教育改革的需要。媒介素养教育将成为大学生思想教育、政治教育不可缺少的内容。中华民族的伟大复兴、繁荣迫切需要大学生的健康成长、成才。把媒介素养教育纳入大学生人文教育，是培养信息时代高素质人才的必然要求。

（2）紧迫性

世界范围内的经济一体化和信息传播全球化态势日益增强，良莠不齐的世界性文化向我国传播，加上目前大学生社会接触少，沉迷网络多，因此，应该认识并有效地利用媒介成为人们生存的必要条件。传媒学院图书馆作为师生学科素养、人文精神建构的重阵，负有培养人才、服务社会的责任。为此，媒介素养教育在大学教育中应是不可或缺的重要内容。在大学推广和提升媒介素养教育，是学生全面发展、健康成长的必然要求，图书馆馆员在这一方面也具有重要作用。

5. 我校图书馆提升大学生媒介素养的途径

（1）利用校园媒介资源，营造媒介素养教育的氛围

媒介素养教育是一个新型课题，大学生对媒介素养教育的内涵、外延及必要性还缺乏理性认识，媒介素养教育远不如传统学科那样受到重视。媒介文化素养教育要进入学校，还有一个认识、认可的过程。因此，利用校园媒介资源，营造媒介素养教育的氛围十分重要。

（2）加强教师队伍建设，提升图书馆学科馆员的媒介素养

图书馆学科馆员需要在不断学习、提高认识的同时，通过自己的岗位、一定的手段营造媒介素养教育的氛围。大学图书馆是传播学科知识和先进文化的重要阵地，也是高校的心脏，是学生的第二课堂，是莘莘学子汲取知识的场所。它有着较为丰富的媒介资源，形成了全方位的舆论环境，对大学生有着不可替代的、持久的、潜移默化的影响和教育作用。所以，必须重视传媒高校图书馆的优势，加强校园舆论传播媒体和文化设施的建设，发挥我校媒体得天独厚的优势，利用手中的媒介形式和手段宣传现代的媒介知识、技能和观念，营造媒介素养的氛围。

我校在加强重点学科建设，推广、提升媒介文化素养研究方面有很多亮点，在探索中悟出了一系列媒介素养教育成果，开辟了浙江传媒学院的媒介研发中心，传媒教育的理论教学体系和实践教学体系已逐渐成熟。传媒图书馆学科馆员能促进教师媒介素养的形成，使教师能够将媒介素养教育内容融入教学中。鉴于此，传媒图书馆学科馆员对促进大学生媒介素养能力发挥着积极作用。

（3）开展丰富的媒体实践活动，为大学生提供良好的实践活动平台

大学生媒介素养教育是以学生为中心，让学生真正成为媒介活动实践的主体。图书馆学科馆员充分利用图书馆资源，开展大学生沙龙，利用校报校刊、电视、音像光碟、网络等媒介对他们进行培养教育。此外，还可聘请国内外名人名家不定期地进校园，和学生互动、交流，让学生得到来自媒体的第一手信息资料，了解身边的媒体状况，消除大学生对各种媒体的神秘感，增加对媒体的感性认识；通过微博这一媒介传播形式，与大学生进行充分交流。

（4）加强高校图书馆技术的发展，为大学生媒介素养教育提供优良条件

媒介素养教育是传媒高校图书馆的工作之一，传媒图书馆具备足够的人力资源，包括导读人员、学科馆员等以提供多层次服务，他们具有多个层面的适合不同层次水平的信息用户，多种学科、兴趣需求的服务水平。具有较高的信息素养的馆员拥有专业的信息检索、信息选择及信息分析的能力，他们在日常工作的过程中可以为学生提供媒介素养教育的机会。信息技术渗入图书馆工作的各个环节，使传统的流通服务、参考咨询服务、采编服务都发生了巨大的变化，提高了图书馆服务效益，为用户提供更方便、快捷的服务，同时，也为媒介素养教育创造了更好的条件。

6. 结束语

浙江传媒学院图书馆深入贯彻落实党的十九大精神，紧紧依

托"文化建设、文化自信、民族复兴、社会富强"的理念,在校园内传播积极向上、勤奋好学的正能量。新时期媒介环境下,媒介对社会和社会中的个体的影响更为复杂和深远,而作为第二课堂的高校图书馆更应该与时俱进,充分发挥媒介的教育职责,提高大学生的媒介素养能力,为其系统开辟媒介素养教育提供更加广阔的空间,使图书馆真正成为推动高校教育事业发展的重要阵地。

参考文献

[1] 李军林.信息时代的媒介素养[G].长沙:湖南人民出版社,2010.

[2] 赵彦敏.高校图书馆提升大学生媒介素养的思考[J].图书情报通信,2010(3):48-49.

[3] 任儆.在大学生推广媒介素养教育的必要性和紧迫性[J].电化教育研究,2005(4):26-29.

[4] 贺小飞,刘庆.论新媒体环境下高校图书馆的媒介素养教育[J].保山学院学报,2010(4):105-108.

打造特色艺术学院智慧图书馆，
构建社会主义和谐社会①

【摘　要】本文对当前图书馆出现的各种现象进行了分析和归纳，总结出五种值得我们思考的现象，这五种现象相互联系和影响，也预示了图书馆未来的发展方向。

【关键词】图书馆；发展；未来；趋势

党的十九大明确提出：我国社会主要矛盾已经转化为人民日益增长的美好生活需要和不平衡不充分的发展之间的矛盾。从"物质文化需要"到"美好生活需要"的变化，反映的是社会的进步和发展阶段的提高，这体现了中国特色社会主义进入新时代后呈现的新特征，面临的新任务和新挑战。统筹推进经济建设、政治建设、文化建设、社会建设、生态文明建设，突出抓重点、补短板、强弱项，要适应我国社会的深刻变化，把和谐社会建设摆在重要位置，注意激发社会活力，促进社会公平和正义，增强全社会的法律意识和诚信意识，维护社会安定团结，不断提高构建社会主义和谐社会的能力。

和谐社会是指公平、平等、合理和有序的社会，是倡导以人为

---

① 　写于 2017 年 11 月。

本,全面协调与可持续发展的新型社会。它是对整个社会系统（即社会结构的总体）而言,不是针对社会的部分而言,它是人类追求的共同理想,而要真正地构建和谐社会,人们就必须首先建立起能够体现公平、平等的价值观和公正、合理的社会制度。

信息技术正在以前所未有的力度重新定义大学图书馆。一方面,大学图书馆馆藏资料数字化、网络化越来越优越;另一方面,图书馆探索与创造共享空间的对外服务意识也在不断增强。在当代社会,美国高校图书馆已经走在世界前列。美国大学图书馆推出的系列举措,值得我们学习和借鉴。比如,美国加州大学伯克利分校图书馆等都建立了大数据收集和分析实验室,建立了专题研究大数据实验室,等等。

图书馆作为整个社会系统或社会结构的一个方面,属社会公共事业,它拥有社会上广泛的人群,这些人群就是我们通常所讲的读者。图书馆在向广大读者提供服务的过程中,不可避免地会涉及和谐社会的问题,较明显的是如何体现公平、平等的服务原则和以人为本、提供个人全面自由发展的平台这一问题。但从图书馆的现状看,目前还存在一些与和谐社会不相适应的情况。

1. 影响构建和谐社会所存在问题的分析

构建和谐社会就是要体现社会公平、平等,伸张正义。在改革开放不断深入,国家经济建设日益发展的大好形势下,图书馆事业也有了很大的进步。但在经济大发展的情况下,受功利主义的影响,图书馆在不断提高服务水平、改进服务方式的同时,却淡忘了公众服务意识,混淆了平等、公平的服务理念,出现一些有悖于图书馆服务理念的现象,归纳起来有以下几方面。

（1）有偿服务的问题

传统的图书馆读者服务以图书、报刊借阅为主。无论是公共图书馆还是高校图书馆，长期以来一直都奉行着读者第一的服务理念。但随着改革开放，在国家大力发展经济的背景下，图书馆受经济利益的驱动，从本单位的利益角度出发，想方设法搞创收，开始把社会上那些以赢利为目的的出租图书的商业行为，引入图书馆的图书外借上，将馆藏的一些武侠书、言情书、畅销热门书等挑选出来，搬上了出租柜台，供读者借阅，美其名曰"提高职工福利"。更有甚者，一些图书馆为了迎合社会上、学校内的娱乐需求，在图书馆内开设了舞厅和卡拉 OK 厅，这种现象在 20 世纪 80 年代相当流行。进入 21 世纪后，随着计算机、通信技术和网络技术在图书馆的运用，图书馆建立了电子阅览室或多媒体阅览室和视听阅览室，同样采取了收费服务。

这样一来，尽管图书馆内部职工的福利上去了，但图书馆公共服务的形象却遭到损害，它违背了公共图书馆的服务理念和服务宗旨。公共图书馆是社会公共事业的一部分，它不具备营利的性质，也没有理由向读者收取任何劳务性质的费用。如要收费的话，也只能是象征性地收取一些服务成本费，如设备损耗费及复印纸张成本费等。图书馆经费是政府划拨的，政府划拨的经费原本就是用之于民的，图书馆应坚持无偿服务，采取有偿收费服务就必然会将社会上一部分读者拒之门外，使之得不到应有的服务，其实也就是剥夺了他们的权利，这是一种极不公平的做法。

（2）特殊服务的问题

"读者第一，服务至上"，一直来被图书馆奉为服务宗旨。按理讲,在图书馆提供读者服务的过程中,读者理应享有人人平等、公平公正的权利。图书馆提供平等的服务是一种常规,不应该出现特殊人群特殊对待。一些公共图书馆在向读者提供服务的过程中,常常会人为地把读者群按其社会地位或职业文化背景,分为重点读者和一般读者,然后再根据不同的划分,让一部分读者享受特殊的待遇,提供专门的服务。高校图书馆内也存在同样的情况。在读者服务中,对一些教学骨干、高级职称的教师,图书馆提供特殊的服务政策,在借阅图书的数量上、期限上,可以不受图书馆规章的制约,至于有些人还可以享受专人研究包厢、专门的文献查阅服务等。这种优越的服务使一些专家学者养成"唯我独尊"的习惯,长此以往,一些专业书都集中在个人身上,长期占用,而其他读者却借不到,严重影响图书馆的公平、平等的服务形象,影响其他读者的利益。而对一般的教职工和学生读者来说,图书馆却严格把关,几乎没有商量余地,动不动就处以罚款、扣证等方式。这种不公的服务对构建和谐社会是极为不利的。

(3)数字鸿沟现象

人类社会进入 21 世纪之后,计算机网络技术已日益渗透到人们的日常生活之中,也开始改变人们的思维方式和生活方式,但随之也出现了一些新的问题和现象,其中数字鸿沟(digital divide)就是突出的一例。数字鸿沟指的是能获得信息技术的人和无法获得这种技术的人之间的差别。面对数字鸿沟的出现,无论是公共图书馆还是高校图书馆,原本都应该有责任、有义务通过读者辅导、读者培训去努力填平这个鸿沟,但事实上图书馆没有这样做。在经济利益的驱使下,不少图书馆的电子阅览室从开放那天起就实行有偿服务,并作为图书馆创收的又一个亮点,根本无暇去搞读者培训和辅导。每当走进一些公共图书馆的电子阅览室,我们就会发现里面的读者都是年轻人,几乎很少有年长者。高校图书馆对电子阅览室同样实行有偿服务,这样就势必将一些贫困生挡在门外,这造成了一部分没有网络技术能力的读者失去了电子图书阅读的机会和权利。

数字鸿沟的另一种表现,就在于图书馆忽视了对本馆馆藏资料的数字化建设,缺乏建立网络资源共享的意识。信息高速公路的建设和发展已成为当今社会不可逆转的趋势。图书馆如果对这一问题不加重视,其后果是可想而知的。因为在计算机网络技术日益普及,人们的生活节奏不断加快的时代背景下,网上就能找到的信息资料谁还愿意特意到图书馆查找传统的图书资料。

(4)知识产权问题

知识产权是指法律主体对从事智力活动创造的智力成果依法享有的权利,主要是指版权(即著作权、工业产权),图书馆是各种书刊资料的收藏地,是知识交流的中心,它通过采购、征集等方式获得图书期刊、报纸、电子出版物、网络再版物、数据库、软件产品等信息资源,并利用这些资源向读者提供信息服务。在图书馆读者服务的整个过程中涉及的知识产权的问题是多方面的,概括起来有以下几方面:①采购未经权利人许可的复制品,常称盗版物;②购买了正版软件,但由于使用不当,安装疏忽,构成侵权;③对无权下载的信息进行下载;④数字图书馆建设中侵犯了他人的知识产权;⑤利用公共信息进行有偿服务等。

对知识产权的侵犯表明法律观念的淡薄,这对构建和谐社会是极其不利的。虽说侵犯的是个人,但危害到的是一个社会,解决不好会影响整个社会。

(5)弱势群体和残疾人问题

一般讲,弱势群体就是指那些由于某些障碍及缺乏经济、政治和社会机会而在社会上处于不利地位的人群。具体讲就是在社会发展中经济收入、竞争能力、社会地位、权益维护等处于劣势的人群,如儿童妇女、农村贫困人口、城市失业者、农民工、灾难求助者及无家可归者等。

近年来,在党和政府的关怀下,弱势群体备受社会的关注,尤其是在政府提出构建和谐社会后,对弱势群体的关怀已被提到政府议事工程中,尽管图书馆在关心弱势群体并为其服务方面做了一些工作,但与发达国家相比还是远远不够的,表现在:①没有把对弱势群体的服务内容列入图书馆工作计划中;②在图书馆内没有开辟弱势群体的借阅场所,如可供老人阅览的老人阅览室或儿童阅览室等;③至今还没有一个像样的关于向弱势群体提供服务的政策法规;④对贫困地区、民工住宅(生活)区,图书馆没有提供主动上门服务;⑤图书馆没有专门开设对弱势群体免费借阅的窗口等。

2. 公共图书馆精神与和谐社会的构建

前面谈到图书馆存在五个方面的问题,对于构建和谐社会来讲都是必须克服的。我们首先要从思想上、从图书馆的服务工作理念上来认识到这些问题的严重性和危害性。要提倡一种新的理念,建立新的制度消除陈旧的观念,克服存在的问题。公共图书馆精神是基于民主政治之上,为读者提供平等服务的一种服务理念。华东师范大学范并思教授认为,公共图书馆的社会意义在于它的存在使社会中每一个公民具备了自由获取知识或信息的权利,它代表的是一种社会用以调节知识或信息的权利,代表的是一种社会知识的平等,保障公民求知的自由与求知的权利,从而从知识、信息的角度维护了社会的公正。基于此种精神,公共图书馆的服务应当倡导以人为本,关心弱者,走近平民,平等服务,消除数字鸿沟,从而建立一种全社会信息公平和保障的制度。

公共图书馆精神正是我们需要倡导并使之发扬光大的一种新的理念,也是我们用来克服上述图书馆存在的问题,这种精神符合我们构建和谐社会的需要。通过弘扬公共图书馆精神,我们可以重新审视现存的服务理念,拨正偏离的服务方向;通过弘扬公共图书馆精神,我们可以努力消除社会的隔阂、不平等,填平由于信息获取不公平造成的数字鸿沟现象;通过弘扬公共图书馆精神,我们可以使图书馆事业的发展更加贴近社会,做到为社会服务,为公众服务,从而真正发扬公共图书馆的作用;通过弘扬公共图书馆精神,为构建和谐社会,营造和谐社会氛围做贡献。

3. 如何弘扬公共图书馆精神

对图书馆来讲,弘扬公共图书馆精神,营造和谐社会氛围不是一句空话,需要脚踏实地,从认识上、行动上、制度上加以落实。具体地说应从以下几方面着手。

①统一思想。提高认识公平的服务理念,这是对我们长期以来存在的传统理念的挑战。它涉及部分人的利益,影响图书馆方面的一些服务收益,是一项艰巨的任务,我们不能掉以轻心,一定

要从理论高度、思想高度来认识这个问题。前面我们已提到,公共图书馆精神是基于民主政治的,为读者提供平等服务的一种服务理念。只有统一思想,提高认识,我们才能拿出实际行动去真正落实并完成这一艰巨的任务。

②采取措施。建章立制表现出我们对弘扬公共图书馆精神有了思想认识上的提高,这仅仅是第一步,接下来就应该在行动上有所作为。我们要按照公共图书馆精神及构建和谐社会的要求,针对图书馆存在的不合理现状进行整改,对于不合理的收费要坚决停止;对读者服务中存在的不平等和不公平的做法和规定要坚决地给予纠正;对出现的数字鸿沟现象要制订计划开展读者培训服务;重视对下岗职工、残疾人、老人、儿童等社会弱势群体的关怀,推出特别服务。在制度规范的约束下,来保证此项工作的顺利进行。

③定期考核,奖罚分明。我们讲弘扬公共图书馆精神,构建和谐社会是一项十分艰巨的任务,因此有了思想上的认识,有了行动上的措施还是不够的,还应建立一种检查督促的制度。这种制度就是对我们所进行的这项工作进行定期的考核。对照考核指标的规定,对做得好的单位和个人给予表扬,对做得不好的进行批评教育,限期整改,要有奖有罚,奖惩分明。只有这样,才能保证我们此项工作的顺利开展,使公共图书馆精神进一步发扬光大,使图书馆的作用在构建和谐社会的过程中真正发挥出来,实现整体高校图书馆智库功能,推动高校智库的科学发展、特色发展、可持续发展。只有这样,才能推动高校教育事业的发展,积极稳妥地投身于信息多元化时代进程中。

参考文献

[1] 吴建中. 21 世纪图书馆员的使命[J]. 图书馆杂志,1999,18(3):22-24.

[2] 杜也力. 谈大学图书馆"学科馆员"制度[J]. 大学图书馆学报,2002,20(1):49-51,91-92.

[3] 黄宗忠,王晓燕. 论复合图书馆与图书馆发展趋向[J]. 图书馆论坛,2002,22(5):6-11,21.

[4] 顾敏. 知识管理与知识领航:新世纪图书馆学门的战略使命[J]. 图书情报工作,2001,45(5):7-13.

[5] 杨卫东,郭玮. 未来图书馆发展趋势探讨[J]. 图书馆建设,2004(2):15-16,21.

[6] 戴龙基,张红扬. 图书馆联盟——实现资源共享和互利互惠的组织形式[J]. 大学图书馆学报,2000(3):36-37.

[7] 朱晓华. 在合作中生存发展:论图书馆联盟[J]. 图书情报工作,2004,48(7):6-12.

大数据时代的高校图书馆创新浅谈①
——以浙江传媒学院图书馆为例

【摘　要】本文梳理了大数据的定义及动态,提出了高校图书馆在大数据时代面对的新挑战,并提出利用大数据分析及运用技术来为师生提供优质的高校图书馆服务。

【关键词】大数据;数据分析及运用;特色高校图书馆创新服务

1. 大数据概述

（1）大数据定义

"大数据"并不陌生,早在20世纪80年代,美国就有人提出了"大数据"的概念,近年来广泛流行。"大数据"是由数量巨大、结构复杂、类型众多的数据构成的数据集合,是基于云计算的数据处理与应用模式,通过数据的整合共享、交叉复用形成的智力资源和知识服务能力,涉及互联网、经济、生物、医学、天文、气象、物理等众多领域。

---

①　发表于《锦绣杂志》2015年第10期。

（2）大数据类型

①按照数据结构，可分为：

a. 结构化数据，是存储在数据库里，并可以用二维表来表达的数据；

b. 半结构化数据，是介于结构化数据与非结构化数据之间的数据类型，是纯文本数据；

c. 非结构化数据，是非纯文本数据，没有标准格式，无法直接解析出相应的数据值。

②按照产生主体，可分为：

a. 有计算机软件系统运行产生的数据；

b. 人与人的交互所产生的数据；

c. 有各种硬件设备自动产生的数据。

③按照数据作用方式，可分为：

a. 交易数据，是指来自电子商务和企业管理信息系统中的数据；

b. 交互数据，是指社交网络相互作用产生的数据。

2. 大数据在图书馆领域的最新动态及发展前景

（1）最新动态

布局关键技术研发创新是首要任务。一是以数据分析技术为核心，加强人工智能、商业智能、机器学习等领域的理论研究和技术研发，夯实发展基础。二是加快非结构化数据处理技术、非关系型数据库管理技术、可视化技术等基础技术研发，并推动与云计算、物联网、移动互联网等技术的融合，形成较为成熟、可行的解决方案。三是面向大数据应用,加强网页搜索技术、知识计算搜索技术、知识库技术等核心技术的研发,开发出高质量的单项技术产品,并与数据处理技术相结合,为实现商业智能服务提供技术体系支撑。

（2）发展前景

大数据是丰富的资源宝藏,随着科技的进步及对高校图书馆需求的逐步升级,大数据技术毫无疑问会应用于未来的高校图书馆系统。首先,这项技术不仅有助于高校图书馆构建不同种类的知识服务及业务规划的风险模型,还适用于对高校图书馆日常业务分析,用于总结用户流失原因及价值分析。其次,大数据还可以为高校图书馆构建全新的知识服务引擎提供必要的技术支撑。除此之外,大数据技术会使信息资源更加灵活自如地通过网络及各种渠道提供给读者。大数据技术对高校图书馆的运用研究具有十分重要的现实意义。

3. 大数据在图书馆的应用

（1）大数据给高校图书馆带来的新挑战

信息技术的进步给目前现有的软硬件数据处理模式带来了极大挑战,必然催生大数据智能数据管理模式。一方面,大数据本身的性能优越适用,另一方面,大数据的运用得到了各行业学者及高校教授的一致赞同。对大数据的高校科研与应用将会蓬勃开展,进而渗透到高校图书馆各个部门。高校图书馆作为技术敏感极高的机构,关注大数据,积极思考并尝试解决高校图书馆信息服务和资源发现中的大数据问题。这一问题也是高校图书馆在当下资源发现技术上及模式上的局限,这一问题的解决是获得创新突破的关键。大数据技术的应用是技术难度极高的集成应用,如需要集成人工智能、商业智能、数学算法、自然语言理解、信息技术等多个跨学科领域的技术成果。基础设施、人力资源、运行经费、管理体制都会是不得不面对的挑战因素。因此,要正视大数据给各高校图书馆带来的冲击及挑战,要理解数据量增长所带来的存储能力及计算机能力的增强,要推动图书馆移动互联网技术的完善,并促使知识管理从传统的老式模式中走出。作为人力智力基础设施,技能熟练的馆员能力也是大数据时代研究及处理挑战之一。

(2)大数据时代图书馆发展策略

高校图书馆是高校的重要文化传播基地,是高校进行教学、科研的重要信息来源,高校图书馆职业是以最大限度地促进人类知识的交流与利用为己任的职业。在利用图书馆发展大数据技术时,一方面,需要重视以下几点:第一,要重视大量的用户数据与信息;第二,探索大数据分析相关参数,做出理性决策;第三,利用数据分析技术参数,用于学科管理研究;第四,提高高校图书馆人员智能化管理。另一方面,要整合大数据技术的实践运用,深入开展高校图书馆实践探索理论研究,利用大数据创新高校图书馆服务,提升高校图书馆核心竞争力。大数据技术时代的智能高校图书馆建设不再是一个理想,而是身边的事业。

毫无疑问,大数据技术是高校图书馆领域无法逃避的智能云技术发展形态,也为高校图书馆实现知识服务、智能服务模式的转变、知识服务流程的动态监测等业务需求提供了新的思路和解决方案。大数据技术的发展、成熟与应用也需要图书情报界的共同努力。

（3）高校图书馆利用大数据创新服务

高校图书馆是高校的文献中心，是教学与科研服务的学识型机构，是高校信息化、社会信息化的重要基地。浙江传媒学院图书馆努力开拓特色服务，从传统的借还服务、信息导航的功能转化为不断拓展挖掘前沿科学技术，文献配置丰富，服务设施齐全，技术保障有力，馆员素质高，使之成为具有学习型、数字型、开放型、多功能现代化特征的，具有现代化服务水平的有特色的新型大学图书馆。

浙江传媒学院图书馆采购了 DELL 刀片机集群服务器、VM-ware 虚拟化平台及先进的 DELLCOMPELLENT 存储，为大数据应用的不断深入发展提供了基础保障平台。另外，我校图书馆拥有一套包括软件、硬件在内的媒体资源管理系统。同时 IC（高校图书馆信息共享空间，Information Commons，简称 IC）作为图书馆创新服务模式，充分利用 IC 平台拓展高校图书馆教育科研功能。数字化图书馆显现智能规模，多种途径引进电子文献资源，形成了具有特色的文献信息资源共享服务体系，这种服务模式的建立为本校师生提供了最完整的图书数字化资源，开辟了新的可持续发展空间，这为我们思考高校图书馆的生存价值与可持续发展提供了更为广阔的发展空间。

4. 结束语

大数据技术的出现，将改变我们对数据的看法与认识，数据的存在不仅有价值,大数据更使其具有重要意义。人们将通过大数据,找到隐藏在大数据背后的世界。高校图书馆在大数据的服务竞争中已落后一步,尽管高校图书馆有资源的优势,但高校图书馆在技术方面的劣势也将限制图书馆,如何避免被边缘化,将是高校图书馆不得不考虑的一大问题。同时,高校图书馆要想在大数据时代有所作为,需对形势有明确的认识,利用大数据创新高校图书馆服务,提升高校图书馆的核心竞争力。

参考文献

[1] 祝森生.大数据时代关于智慧图书馆的几个研究问题探讨[J].图书与情报,2013(5):126-128.

[2] 王捷.大数据时代下图书馆开展信息服务的对策[J].现代情报,2013(3):81-83.

[3] 冯溪屏,王志华,阮海红.在创新中求发展:浙江传媒学院图书馆彰显特色的历程[J].浙江传媒学院学报,2008,15(5):70-72.

[4] 张文彦,武瑞原,于洁.大数据时代的图书馆初探[J].图书与情报,2012(6):15-21.

[5] 樊伟红,李晨晖,张兴旺,等.图书馆需要怎样的"大数据"[J].图书馆杂志,2012,31(11):63-68,77.

[6] 竺亚珍,阮海红.基于信息共享空间的大学生媒介素养教育研究[J].情报探索,2011(10):56-58.

[7] 韩翠峰.大数据时代图书馆的服务创新与发展[J].图书馆,2013(1):121-122.

［8］张明海,周艳红.大数据时代大学生数据素养教育的目标定位及体系构建［J］.图书馆,2016(10):84-88.

［9］张静波.大数据时代数据素养教育［J］.科学,2013(4):29-32.

［10］黄欣荣.大数据的语义、特征与本质［J］.长沙理工大学学报(社会科学版),2015,30(6):5-11.

移动图书馆智能终端与高校图书馆
个性化主动服务创新探索①
——以浙江传媒学院移动图书馆为例

【摘　要】作为传统图书馆在现代发展的产物——移动图书馆，与传统图书馆呈现一种相辅相成的关系。如何提出一种更为完善的移动图书馆智能终端服务方案，使移动图书馆和传统图书馆能更为融洽地互相补充，从而为读者带来更好的阅读体验，这无疑需要我们进行更多的探索。

【关键词】移动图书馆；个性化；主动服务；创新探索

在信息技术不断发展的今天，越来越多的网络平台开始构建于智能终端之上，移动图书馆正是这一变化的产物。虽然已经有不少成熟的移动图书馆技术诞生，高科技及先进数字产品的代言人，但它的整体技术应用水平处于什么层次无从知晓，而现行传统图书馆还有很多不足，在服务模式上还可以有更多的突破。移动图书馆智能终端主动服务的应用能力也参差不齐，高校人员、

①　本文为浙江省教育厅一般课题"个性化主动服务移动图书馆智能终端创新探索研究"（项目编号 Y201635191）部分成果。发表于 *Advances in Social Science，Education and Humanities Research*，2018(6)。

图书馆信息技术人员仍须发起辅助指导作用,帮助用户利用好软件、硬件工具,进行学术创造。通过对移动图书馆的创新探索,摸索出一种更为完善的服务模式,以适应在新时代下读者的新需求。

1. 移动图书馆智能终端创新探索的必要性

（1）移动智能终端应用广泛

随着信息技术的不断发展,移动智能终端得到越来越广泛的应用,呈现出快速发展的趋势。依托网络平台,移动智能终端可以提供购物、阅读、交流、办公等多种服务,甚至银行、政府等都已推出专用客户端。移动智能正在和新兴的云技术一起,向着更加智能化、环保化和融合化的方向发展。而作为电子产品的主要消费者,在高校生中,移动智能终端的持有率正在逐年增长,手机等移动智能终端几乎成为每个高校生的"标准配置"。随着各种智能终端应用的不断更新,预计未来高校生手机消费的绝大部分将由数据、宽带业务及内容服务产生。这一变化说明了高校生对移动智能终端的依赖将越来越强,越来越多的高校生开始习惯利用移动智能终端来娱乐、消费,这同时带来了阅读习惯的变更。相较于传统的在图书馆阅读的模式,更多的高校生开始倾向于利用移动智能终端进行方便、快捷的电子阅读,对电子资源的依赖和利用率都逐步提高。在这种情况下,传统图书馆面临着读者流失的巨大挑战,要想不被社会逐渐淘汰,图书馆服务就必须与时俱进,使传统图书馆和移动图书馆更好地发展、融合,这样才能让图书馆在电子化浪潮中更好地生存及延续下去。

（2）移动图书馆与传统图书馆的联系与优势

移动图书馆作为一种信息技术发展到一定阶段的全新产物，它并不是传统图书馆的替代品，而是在功能上与传统图书馆相辅相成。相较于传统图书馆，移动图书馆有着种种优势，正是这些优势对在新时代经历各种挑战的传统图书馆进行着功能上的补充，帮助传统图书馆更好地为读者提供服务。只有对移动图书馆在功能等方面进行不断完善，才能帮助传统图书馆更好地发展。总的来说，传统图书馆和移动图书馆的区别主要有以下几种。

第一，从服务范围上来讲，传统图书馆因为受所处地点及开放时间的限制，面向的读者只能是特定人群，这就从时间和空间上大大局限了图书馆的服务对象范围；移动图书馆的服务则不受时空的限制，可以把不同地域的数字图书馆组成联合体，为处于不同地域的读者提供同样的服务，实现图书馆随身携带，随时查询，资源高度共享，将传统图书馆的服务从空间和时间上进行了扩展。

第二，从服务内容及方式上来讲，传统图书馆是以流通和阅览为工作重心，图书馆馆员主要负责采购、编目等工作，是文化工作者。同时，由于传统图书馆检索方式的影响，读者花在检索上的时间占整个借阅过程所花时间的绝大部分，不利于信息的快速传播；移动图书馆则以信息的收集分析、参考咨询和网络导航为中心，图书馆馆员是以信息导航员的身份服务读者，是教育工作者。在这种模式下，读者查询所需资料时可以通过网络进行检索，更为方便快捷。移动图书馆通过设置个人空间与图书馆OPAC系统对接，使用手机或移动设备登录实现了馆藏查询、续借、预约、挂失热门书排行榜、咨询等系列自助移动服务。

第三，从资源数量及更新上来讲，传统图书馆的馆内资源主要以纸质形式存在，存储容量有限，资源品种及数目上都存在不足，无法同时满足所有人的借阅需求，而且对于最新资源无法做到及时更新；移动图书馆的资源则不仅局限于文本，还包括视音频资源等，在资源的丰富度上远远超过传统图书馆，而且电子资源可以同时向所有有需求的人进行传递，不必担心书籍数量问题。

移动图书馆具有传统图书馆无法具备的优越性，在科技发达的今天，大力发展、完善移动图书馆无疑是大势所趋。在移动图书馆这种新型图书馆的辅助下，读者可以随时随地即时获取所需资料而不受时空限制。因此，如何能完善移动图书馆的服务模式当是重中之重。

2. 当今移动图书馆使用情况

(1) 国内外移动图书馆使用情况

移动图书馆最为常见的形式是手机图书馆，即依托无线网络，通过手机这一平台将传统图书馆的服务拓展至图书馆外。现在已经有不少比较成熟的技术，例如，中国国家图书馆就已经推出移动图书馆——掌上国图，为读者提供读者服务、在线服务、在线阅读、在线试听、在线检索和文津图书奖等多项服务。

手机图书馆从互联网或馆藏文献资源中下载电子图书等，既可实现随时随地阅读，也可以通过无线上网设备对图书馆的电子资源进行在线浏览、检索与下载，而不再仅仅局限于实体图书馆的服务方式。国内很多高校也已经推出了手机移动图书馆，将高校图书馆的管理信息系统与手机终端结合起来。

相较于国内,通信技术发达的国家的移动图书馆的建设开始得更早。到 2001 年,日本已经率先开通了手机书目查询系统。此后,欧美各国陆续推出了图书馆移动服务,其中,英国最早发起了"国际移动图书馆会议",美国图书馆界还联合软件开发商和信息服务商开发出了图书馆专用软件,大大拓展了图书馆移动服务的范围。

大体来说,移动图书馆服务模式分为几种:①短信服务。短信服务一方面是图书馆向用户提供到期提醒,另一方面是读者利用指令主动向图书馆查询书籍信息等内容。这种服务模式相对来说更为成熟,能快捷及时地为读者提供所需服务,而且花费很低,因此这种服务是最早出现的一种服务。但是短信服务内容简单,交互性差,无法提供更为详细、复杂的服务内容,难以满足读者需求。②WAP 服务。WAP 服务是一种基于网络的服务模式,移动图书馆网站主页包括馆藏查询、节约查询等多种功能,方便读者进行访问查询。除此之外,还有对于新读者的引导及各种专题活动的宣传等内容,甚至还有国外图书馆在移动版网站中提供 GPS 定位功能实时导航,方便读者在图书馆内搜寻书籍。WAP 服务可以提供很多图书馆的动态信息,满足读者的大部分需求。③移动客户端。随着智能手机、平板电脑等新兴电子产品的迅速发展,移动客户端的应用也得到广泛推广,与阅读相关的客户端也层出不穷,如盛大文学推出的云中书城客户端、方正的阿帕比阅读器、超星数字图书馆等软件程序类客户端,还有亚马逊 Kindle、汉王的汉王电纸书等软硬件结合的专用客户端。这类客户端相比 WAP 网站专用性更强,服务更加全面和完善,用户只要下载客户端就能享受检索、续借、预订等多种服务。④QR 二维码服务。QR 二维码能存储大量形式各异的信息,而且成本低廉,使用非常方便,已经有很多大学在提供二维码服务,只要扫描相应的二维码并进行解码,题名、著者、书号、馆藏地等书籍信息就会显示。⑤I-MODE 服务模式。日本最先将这种新的无线通信模式应用在图书馆领域,通过使用简化的 HTML 编辑网站,将 WAP 网站转换为 I-MODE 网站,提供馆藏查询、书籍续借等服务。目前这种模式的图书馆还比较少。20 世纪 90 年代,特别是到了后期,随着计算机技术的普及和网络技术的引进,我国在总结过去经验的基础上,对照国外发达国家的先进经验和发展现状,探讨如何尽快跟上国际潮流,并与国际接轨,建立数字图书馆、网络数据库,实现了真正意义上的文献资源共建共享。这个时期不光理论上有了突破,实际操作上也有了进展。我国除了有 200 余所高校通过校园网与国家科研网(CERNET)相连外,还有不少高校根据各自的实力和需要组建区域性网络,实现了移动智能服务,如广东、上海、北京、浙江、江苏等地的一些高校,有些已建成或还在筹建中,如香港 JULAC(大学图书馆长联席会)。信息技术正在以前所未有的速度重新定义大学图书馆角色。

(2)浙江传媒学院移动图书馆的使用情况

浙江传媒学院移动图书馆依托海量信息资源和云服务体系,通过手机、iPad 等手持移动终端设备,为读者提供资源搜索与获取、自助借阅管理和信息服务定制的一站式解决方案。读者可以自助查询和完成借阅,任何人在任何时间、任何地点都能获得全面的信息服务。其功能主要包括以下几个方面。

①个性化服务体验。通过设置个人空间与图书馆 OPAC 系

统的对接,实现馆藏查询、续借、预约、到期提醒、热门书排行榜、咨询等自助式移动服务,并可以自由选择咨询问答、新闻发布、公告通知、新书推荐、借书到期提醒、热门书推荐、预约取书通知等信息交流功能。

②基于元数据的一站式检索。系统应用元数据整合技术对馆内外的中外文图书、期刊、报纸、学位论文、标准、专利等各类文献进行了全面整合,在移动终端上实现了资源的一站式搜索、导航和全文获取服务。

③自由式订阅体验。集成 RSS 订阅功能,有效地为用户提供个性化信息服务。包括 4.5 万多种 ePub 电子图书,8700 万份报纸、杂志,视频、资讯等近 30 种频道分类,使得用户在任何时间里都可以有针对性地阅读自己所需的信息,实现了为用户提供多来源信息的个性化阅读体验。

④云服务共享。超星移动图书馆整合服务系统接入功能强大的云共享服务体系,提供 24 小时文献传递服务,无论是电子图书还是期刊论文,都可以通过邮箱接收电子全文。系统接入文献共享云服务的区域与行业联盟已达 78 个,加入的图书馆已有 723 家。

针对移动图书馆智能终端的功能创新问题,笔者在本校进行了一次问卷调查。调查对象为在校大学生,共送出 300 份问卷,收回有效问卷 246 份,调查结果见下表。

大学生对移动图书馆功能期望情况

功能	添加好友	多种形式的推荐	书籍预约	到期提醒	电子阅览室计算机使用情况
比例	43%	9%	6%	39%	3%

根据调查显示,43％的学生希望能有添加好友等相关功能,包括和好友之间互相推荐书籍,以及对阅读的书籍发表读后感并相互评论等功能。9％的学生希望移动图书馆能发挥数字图书馆的优势,提供的资源不仅仅局限于文字,还包括由书籍改编的相关影视作品、广播剧等,以获得更加全面的阅读体验,或者针对当下时事制作相关专题进行相应的推荐,如针对莫言获得诺贝尔文学奖这一事件制作莫言作品的专题推荐阅读,借当下时事推广图书馆资源。6％的同学希望有书籍预约的功能,可以更加方便地借到想借的书籍。39％的学生希望有到期图书的提醒功能。现在的软件虽然会显示书籍到期时间,但不会进行相关提醒,需要读者自行上网查看,不是特别方便。学生希望更新后的智能终端,可以通过邮箱或者短信对读者进行即将超期的提醒,从而降低违约率。另外有3％的学生希望移动图书馆移动智能终端可以和电子阅览室合作,显示电子阅览室计算机的动态使用情况,减少学生到电子阅览室结果没有空位的尴尬。在书籍检索方面,笔者认为可以将数字资源进行整合,如把收录的图书资源以章节为单位进行分割,从而实现全文级别的知识点检索,使检索更为全面。

3. 移动图书馆智能终端创新探索思路

(1)个性化定制移动图书馆智能终端

移动图书馆可定制的信息服务并不是新概念,但是现有的可定制服务在服务种类、服务的及时性及服务的便利性等方面并不能完全满足读者的需求。移动图书馆的个性化定制可以根据读者的兴趣和爱好进行相应的调整,针对读者个人习惯进行个性化的服务,有助于读者迅速获得所需信息。这里的个性化不仅指系统提供多样化的服务供读者选择及移动智能终端个性化的界面设置,还包括系统及工作人员对读者进行有针对性的图书推荐,对读者实现馆藏资源的个性化,使读者获得更好的阅读体验。

移动图书馆智能终端的个性化定制大致可以分为两类:一类是通过对用户行为进行预测进行推荐。这是指移动图书馆智能终端通过对用户检索历史、阅读历史等信息的反馈进行分析后,获得读者特征,然后根据特征对用户的偏好、意愿进行预测,感知用户的需求和能力,感知未来发展形势等,从而进行更为合适的图书推荐。另一类是面向社会化关系的推荐。Sinha 等曾于 2001年提出,用户喜欢来自周围朋友的推荐多过信息推荐系统推荐的信息。Salganik 等也在 2006 年间接地验证了这一观点,他们认为在信息推荐体系中,通过对用户历史行为进行计算得出的信息服务需求不如社会影响力。移动图书馆智能终端可以通过增加好友系统等服务,对读者增加来自好友的推荐,或者向读者显示好友近期阅读书籍及好友对书籍的读后感等信息。

从上面可以看出,个性化定制的移动图书馆智能终端可以为读者提供更好、更全面、更恰当的推荐,最终达到不是读者适应图书馆,而是图书馆满足读者需求的效果。

(2)主动式服务移动图书馆智能终端

关于信息服务,有观点认为,高效的信息服务体系是"面向信息用户"的服务,而主动式服务即一种面向信息用户的具体的服务模式。主动式服务图书馆打破了传统图书馆被动、保守的服务模式，主动向读者提供服务，进一步拓展服务空间，丰富服务内容，方便服务对象。相较于传统图书馆，主动式服务图书馆的信息服务体系有助于更好地和读者进行沟通，加强读者与读者之间、读者与图书馆之间的联系，同时有利于将图书馆的资源进行推广。将主动式服务引入移动图书馆智能终端，可以使移动智能终端的服务更加贴心、完善；增加了更多的服务形式，使移动图书馆智能终端的使用更加方便。

主动式服务移动图书馆大体包含系统自动服务和人工服务两大类。系统自动服务即在智能终端增加更多、更细致的系统服务内容，例如，通过选项，读者可以进入客户端不同功能的介绍或演示等，帮助读者熟悉和使用移动智能终端，引导读者完成一系列步骤，获得所需信息；而关于人工服务，一方面可以在移动智能终端设立在线咨询等选项，方便读者及时地获得帮助，或是依托网络通信工具与读者进行交流，主动为读者提供信息咨询或信息介绍服务、信息推送服务。移动图书馆可以将图书馆的讲座和展览等信息主动发送给读者，通过建立短信平台为用户推送图书馆信息。另外，移动图书馆利用 GPS 定位技术来确定读者所处的位置，以便为读者提供各类相关信息服务，在很大程度上方便了读者。另一方面，可以在网络等平台举办各种专题活动，主动向读者宣传图书馆资源和检索文献信息的知识，扩大图书馆资源的知名度，提高图书馆数据库的利用率。主动式服务移动图书馆的系统自动服务和人工服务相结合后，可以将移动图书馆的使用和服务的时空扩展至无限，真正实现全地域、全时域地为读者服务。

4. 结束语

在信息技术高速发展的今天,如何能更好地利用移动图书馆智能终端,对于传统图书馆的生存发展来说具有重要的意义。现今,许多国内外的相关软件已经贡献了不少经验。对于如何使移动图书馆智能终端的服务模式更加完善,本文提出的个性化主动服务移动图书馆智能终端就是一种针对目前形势下的移动图书馆的服务模式的创新探索。将个性化服务和主动式服务相结合,形成一种面向客户的定制服务模式,拓展移动图书馆的服务功能,提高图书馆信息服务质量,为读者提供更为方便和舒适的服务。该模式还需要在实际应用和相关技术的协助下,进行理论和实际方面的进一步完善。

参考文献

[1] 鲁帆.移动智能终端发展趋势研究[J].现代传播,2011(11): 139-140.

[2] 魏张娟.浅议手机智能终端在我省高校图书馆的应用[J].晋图学刊,2013(1):36-39.

[3] 曹一帆.浅谈数字图书馆与传统图书馆的区别[J].内蒙古教育(职教版),2012(8):19-20.

[4] 吴慧.新时期加强高校院(系)图书馆资料室的建设[J].黑龙江科技信息,2010(2):115.

[5] 黄岩.移动互联时代数字图书馆发展要述[J].医学信息学杂志,2013(7):72-77.

［6］吴云珊.泛在知识环境下图书馆服务新模式——Information Commons[J].图书馆界,2013(1):26-28，40.

［7］张兴旺,李晨晖,麦范金.变革中的大数据知识服务:面向大数据的信息移动推荐服务新模式[J].图书与情报,2013(4):74-79.

［8］陈文珏.构建图书馆主动式服务信息平台[J].图书情报论坛,2013(1):18-20.

［9］龙在田.系资料宏观数据向学生全面开放的实践[J].图书馆杂志,2002(1):65.

外国大学图书馆对我国高校
图书馆建设的启示①

近几年,笔者有幸到国外了解了国外知名院校的图书馆,先后参观访问了澳大利亚科廷大学图书馆,英国考文垂大学图书馆,美国罗格斯大学(新泽西州立大学)图书馆和普林斯顿大学图书馆,并且还对美国社区的图书馆建设做了相关调研,在罗格斯大学图书馆进行了三个多月的学习、研讨。调研、学习拓展了我的视野,加深了我对国外一流大学教育和大学图书馆的认识,也使我对我国现阶段高校的图书馆建设、图书馆馆员的业务素质等具有很深的感慨。党的十八大以来,我国各行各业呈现跨越式发展,高校图书馆的建设也呈现出新的局面。但是,与国外大学的图书馆相比,我们还有很大的差距,还有不少的路要走。

1. 国外大学图书馆:丰富的藏书,一流的服务

国外大学的图书馆不但拥有最宏伟的建筑,而且是人员会集最多的地方;不仅具有丰富的藏书,而且都有极具特色的馆藏,为师生提供一流的服务。例如,澳大利亚科廷大学在天体、物理、矿产、冶金等专业具有良好的声誉,因此这些专业的馆藏就非常有

---

① 发表于《卷案》2018 年第 4 期。

特色,藏书及电子资源都非常丰富。美国罗格斯大学的前身是皇后学院(Queen's College),早期与哈佛大学、哥伦比亚大学(前身King's College)等同属"常春藤"高校,因此,图书资料非常丰富。由于罗格斯大学创办了全美最早的亚洲语言系(Department of Asian Languages),因此其东亚图书资料馆藏享誉全美国,也难怪罗格斯大学的"孔子学院"曾被评为美国"十佳孔子学院"。

国外大学图书馆的阅览室一般不分教师、学生阅览室,而是围绕教学的功能、配合大学教学进行分类,如自修室、阅览室、电子阅览室、讨论室、音像室等,而且面积都很大。自修室经常设在图书馆的一层,或者是地下室,地下室也有一至二层。自修室的座位基本上配有电源插座,方便师生携带电脑学习,座位设置也很讲究,有小圆桌(单人用)、两人圆桌(适合情侣)、休闲式的沙发座椅(可坐多人)等,旁边通常设有公用大厨房,里面配有免费使用的微波炉、洗碗池等。值得一提的是,国外的大学图书馆都尽量利用空间,在藏书室书架的四周都放置了供学习用的座椅。他们不担心图书丢失,因为每本图书都有磁卡,学生一般也不会擅自偷拿图书出去(发现偷拿图书就会被学校开除)。阅览室与自修室的功能几乎相仿,但主要表现在座位的不同。阅览室有许多两人相通但又隔断的座位,笔者经长时期观察、询问,得知那是为了便于两个学生学习、讨论,特别是为完成老师布置的作业而设置;当然,阅览室也有不少一人一座的隔断的座位,这些座位都配有电源插座。电子阅览室与国内的相仿,主要为学生提供带电脑的座位。但不同的是,国外大学的电子阅览室大都配有快速打印机,学生经常要完成老师的作业上网查阅、下载资料,并打印完成。罗格斯大学的 Alexander Library 的电子阅览室配有四套正反两面的快速打印机,效率极高。讨论室是国外大学图书馆的特色,讨论室有大有小,小的 6 人左右,大的 10 多人,其设置是为了配合国外大学课堂开展的"以学生为中心"的课堂教学,教师有时把课堂搬到图书馆的讨论室,将学生分成若干个小组开展讨论。笔者在澳大利亚科廷大学专门访谈了几个中国学生,他们认为这样的教学方式很容易让学生参与进来,而且学习效率很高,针对性强,特别有助于提高学生分析、解决问题能力的培养,教师发现如果学生不参与讨论将会受到严重的惩罚。另外,在美国罗格斯大学图书馆,笔者也经常看到关着门的讨论室,有时会传出学生争论的声音;在图书馆的地下自修室,也经常看到一组组学生在围绕相关问题展开讨论。

音像室也是国外大学图书馆的一大特色,它主要为学生学习需要设立。在当今电子时代,美国大学教师经常要求学生在上课前做大量的准备,其中之一就是按要求观看指定的影像资料或影片等,在图书馆的电脑登录后才能留下学习准备的记录,这样也便于教师检查。美国有些大学里,教师经常要求学生为配合学习阅读指定的资料或观看指定的影像资料等,而且要求在图书馆的电脑学习系统中登录完成。

除了以上谈到的图书馆常用几大功能外,国外大学图书馆给人更多的是"家"的感觉。在美国罗格斯大学图书馆,在阅览室中央都放有多张沙发躺椅,方便师生休息。笔者发现,每天都有不少的教师、教师家属自备餐点在图书馆度过一整天。笔者了解到,除重大节日如感恩节、圣诞节等外,罗格斯大学图书馆从不闭馆,而是根据教学安排的不同调整图书馆的工作时间。如在正常教学时间的工作日,大部分自修室、阅览室开放至晚上

9:30,正常教学时间的周末从中午 12:00 开放至晚上 6:30;在学生复习周时间,则从早上 6:30 开放至次日深夜 2:00。为减轻学生考前的复习压力,图书馆为学生提供减压图,并为学生免费发放铅笔和橡皮擦;学校为鼓励更多的学生在图书馆学习,在考试周为学生提供免费咖啡,并通常在下午提供一次免费的小食(三明治、热狗等)。

　　图书馆热情地为师生提供各类服务。在流通部服务台,师生凭有效证件可以借用笔记本电脑,一般当天使用完后交回;在阅览室设有咨询台,专门为来馆询问的人员提供各类服务和技术咨询。另外,在阅览室还专门设有技术顾问,有专门的技术人员解答或演示如何最快搜寻、查阅到所需的图书资料及各类音像制品,有时工作人员还亲自陪同进入纸质书库告诉你如何查找所需的图书。师生在流通部借还图书非常方便,除了在柜台还书外,在图书馆大门口还专门设有还书口,类似投递邮箱,只要将所借图书资料直接投入就可以了,借阅记录会自动删除。通常在图书的到期前一周,借书人会收到提醒短信,有时会收到提醒某本图书有相关的研究人员或教授上课需要急用,即使不到期也要求尽快归还等提醒信息。一般借书人会按期自动归还,否则会有相应的处罚措施。

　　笔者发现,美国大学图书馆的不同阅览室虽然也聘用学生作为服务人员,而且轮班次执行,但在主要的工作岗位还是有专业人士或技术人员把关。如在还借资料、设备的流通部,电子阅览室,技术导讯处等岗位,专业人员都随时在场解答疑难或处理相关问题。如有一次在电子阅览室,学生在打印资料时打印机出现故障,在岗教师即刻进行排查,但无法解决问题,随即致电相关人员,很快技术人员到现场进行处理,解学生燃眉之急。

2. 对我国高校图书馆建设的启示

（1）职能定位

高校图书馆不仅应是教师、学生、研究者读书、查阅资料的场所，更应成为有效地配合一线课堂教学、促进课堂教学活动开展、培养学生实践能力的重要场所，而且要成为师生常来常往的温馨的"家"，成为他们避风躲雨、寒冬避寒、酷暑纳凉的学习港湾。高校图书馆是学习的场所，更是知识碰撞、增长智慧，使学者产生奇思妙想的地方。目前，我国高校图书馆还主要以学生借还图书资料、开展自主学习为主；数字化、网络环境下虽然增加了电子阅览室、影像学习室等，但总体的功能比较单一，表现出严肃的气氛。全球化教育背景下，我国高校图书馆如何真正与世界一流接轨，如何真正实现"服务育人"的宗旨，值得我们认真深思。

首先，大学图书馆要建成师生学习的"家园"，这样就会有亲近感、温馨感，这当然就要图书馆准确定位，其重要功能是"服务"而不是"管理"，实现从"管理"到"服务"的根本转变。笔者有幸在澳大利亚科廷大学图书馆、美国普林斯顿大学图书馆碰到华裔图书管理员。在与他们的交谈中，他们道出国外大学图书馆与国内大学图书馆的主要区别是"服务"与"管理"的差距，因为他们是以"服务"为宗旨。不要以为"服务"在岗位和职级上会低人一等；相反，他们觉得他们的岗位非常重要，他们和一线教师与研究者一样为培养人才服务，因此每个人爱岗敬业，非常珍惜自己的工作，并不断为改进自己的工作而努力，为提高工作效率、改善服务质量献计献策。与国外大学图书馆相比，我们的大学图书馆显得很严肃、正统，比如在阅览座椅的设计和摆放上，千篇一律，只适合自修学习,而且座位明显不足。当然,要体现大学图书馆的服务职能,图书馆馆员应增强服务意识。

其次,大学图书馆要紧密围绕教学、研究,切实为教学科研服务。笔者有幸参观了在普林斯顿大学图书馆著名科学家爱因斯坦曾经在图书馆学习和研究的场所,当地的图书馆馆员感慨地谈到了图书馆如何切实地为爱因斯坦服务从而令他成为世界级的科学家。因此,大学图书馆为教学、科研服务是图书馆的重要职能之一,但这不是口号,而应有实实在在的体现,在图书馆设立不同功能的学习室就是重要的标志。以图书馆座位设置为例,两人相邻而又不隔断的座位促使学生间相互借鉴学习,这也是在课堂上教授重点鼓励的课外学习方式,图书馆就为学生的学习创造了这样的学习环境。而咖啡吧式的学习座位却是为了群组学习、研讨的需要。又如小组讨论学习,笔者在参观学习中了解到美国罗格斯大学的教授不时将课堂搬进图书馆,将学生分成若干小组开展教学研讨。这样,图书馆的研讨室便相应产生,甚至在课外的自修区域也要划出相应的区域(通常在地下室),作为讨论区以适应教学的需要。国外大学图书馆为教师设立咖啡室,其实并不是为教师提供咖啡,而是为研究者提供知识交流、智慧碰撞、灵感产生的场所。当然,我国大学图书馆应密切联系我国国情,围绕教学、研究的实际,切实为师生服务,从而增加目前我国大学图书馆较为单一的功能。

3. 馆员素养

大学图书馆是培养人才的重要基地,因此图书馆馆员的综合素养至关重要。首先,要有深厚的专业素质和技能,对图书馆学、信息学或情报学等应有较深刻的了解,对图书馆为实现不同的服务职能而设立的岗位职责应有较清晰的认识。在美国罗格斯大学图书馆,笔者在流通服务台借阅一本专业图书,管理员非常熟练地在电脑上查询,在告知该图书目前已被其他人借阅的情况下,推荐了其他相类似的图书,同时还告知了该书按计划归还的时间等,程序非常熟练。综观我国大学图书馆,借还图书资料可能是馆员的主要工作,也是主要能力,对其他事宜可能不得而知。值得一提的是在国外的许多大学图书馆,归还图书资料并不需要借阅者与图书馆馆员直接接触,已完全实现无人工操作。他们关注更多的是,在新形势下,特别是网络环境下,大学图书管理员如何适应学校的发展进而不断提升自己的学科知识和业务能力。

其次是服务意识。大学图书馆馆员良好素养的重要体现之一是服务。对服务不能有狭隘的理解,认为是低人一等,而要意识到这是管理中的服务,是为高等教育、科研服务,是为人才培养服务,是岗位职责的需求,更是能力的一种体现形式。了解到国外大学图书馆的实际,笔者感慨许多。在"家""学习港湾"信念的指引下,这些大学图书管理人员任劳任怨,乐于奉献。他们在节假日坚守岗位,寒暑假从不离岗。在学生期末考试复习期间,部分员工甚至深夜 2 点仍坚守岗位,这要不是自己的亲身经历,我无论如何也是不会相信的。因此,具有优良综合素养的大学图书馆馆员不仅需要有厚实的专业知识和技能,更需要乐于奉献的服务意识。而这种意识应基于对高等教育、对岗位的充分认识,是发自内心的真实行为。

我国正处在高等教育大发展时期,全球化使中国瞄准世界一流高等教育。在我国"创建一流高等院校""创建一流学科专业"

的教育思想的指导下,国外的高校图书馆的学习和体验令笔者不断思考。我国高校要跻身世界一流行列还有不少路要走,需要无数工作者同心协力。高校图书馆建设是"双创"建设的重要组成部分,为接轨世界,争创一流,我国高校图书馆应顺势而为,紧密联系我国具体实际,拓展和完善图书馆功能,使之真正成为高校服务育人、培养优秀人才的重要基地。

外国图书馆与我国图书馆比较与思考①

【摘　要】笔者在近三年参观访问了美国、英国、澳大利亚等国外知名院校图书馆,零距离接触了各高校图书馆的工作人员,了解到他们对读者的人文关怀。本文重点介绍美国新泽西州罗格斯大学图书馆的特色及笔者的认识。

【关键词】罗格斯大学图书馆;职业素质;基本建设

笔者有幸在美国逗留了 3 个多月,并重点在罗格斯大学(Rutgers University)图书馆进行了体验学习,与该校的图书馆管理人员进行了相关访谈。虽然国情不同,东西方文化具有很大的差异,但作为一所世界一流高校,罗格斯大学图书馆在建设理念、育人内涵及服务宗旨等方面有许多值得我们借鉴学习的地方。

1. 罗格斯大学简介

罗格斯大学,全名新泽西州立罗格斯大学(Rutgers University, The State University of New Jersey),是世界顶尖研究型公立大学,在全球不同的权威期刊排名 55 位左右,在整个美国享有很高

---

①　本文为浙江省教育厅一般课题"个性化主动服务移动图书馆智能终端创新探索研究"(项目编号 Y201635191)部分成果。发表于《科学与财富》,2018 年第 3 期。

的声誉。在新泽西州内规模最大，学术声誉仅次于普林斯顿大学
（Princeton University）。2016年该校建校250周年，同年5月，
时任美国总统奥巴马专门应邀出席了该校2016届学生的毕业典
礼并发表了重要讲话，在全美引起了巨大的轰动，可见美国政府
对该校的重视程度。

罗格斯大学是美国独立革命爆发前的九所私立殖民地学院
之一，与耶鲁大学、哈佛大学、普林斯顿大学、哥伦比亚大学、宾夕
法尼亚大学等"常春藤"大学齐名。其前身是皇后学院（Queen's
College），被广泛认为是现哥伦比亚大学（前身为国王学院，
Kings's College）的姊妹学院，被美国社会誉为"公立常春藤大
学"，曾有5位教授获得诺贝尔奖。

2. 罗格斯大学图书馆特色

（1）简介

罗格斯大学有三大校区，分别是新布朗斯维克（New
Brunswick Campus）校区、纽瓦克（Newark Campus）校区和肯顿
（Camden Campus）校区。主校区是新布朗斯维克校区，该校区又
分为四个校区，Busch（布西）、Livingston（利文斯顿）、College
Ave.（学院大道）和 Cook/Douglass（库克/道格拉斯）；数学、理
工、医学等在布西校区，文科、史学、语言等学科在学院大道校区，
财经、商贸等在利文斯顿校区，农林、艺术等在库克/道格拉斯校
区，每一个校区都建有颇具特色的图书馆。

（2）图书馆特色

由于新布朗斯维克校区是学校的主校区，这里就主要介绍其

管辖的四个校区图书馆的主要特色。它们虽然相隔有些距离,甚至有时坐车要上高速,但车程仅 20 分钟左右。与国内高校的图书馆相比,罗格斯大学图书馆给人的总体印象是以人为本,服务育人。新布朗斯维克校区图书馆首先给人的感觉是比较开放,空间宽敞,方便读者。图书馆充分利用空间,甚至地下室也被有效利用。与国内不同的是,图书馆不同的书库周围都摆放了桌椅,允许读者自由进出书库自修,从不担心图书资料的偷盗或遗失。走廊、通道上也尽可能地摆放座椅,而且装配了电源插座,方便读者携带电脑学习。给人印象最深刻的是桌椅的摆放,有单人座椅、双人座椅、三人座椅、圆座椅、方座椅、沙发长廊式读书吧、休息摇摆式座椅等。有传统要求安静的阅历室,也有封闭式的讨论室等。经了解这是为配合教学、研究需要而设计的。地下室主要给师生阅读,但有不少区域却是讨论区,可以经常看到小组的学生围在一起小声商讨问题。此外,所有的座位上或周边几乎都配有电源插座,因此为当今携带电脑学习的学生带来了极大的便利。

流通部人员很少,他们除了为读者借阅图书资料,更多是为他们提供其他的服务,如借还笔记本电脑、耳机、电池等,以及解答读者的相关问题。读者还书可以在图书馆门口的窗口实行自助归还,无须管理员的任何帮助。每个校区的图书馆都配有大型的快速打印、复印设备,经常可以看到学生不停地忙着复印、打印资料。

电子阅览室通常座无虚席,了解后才知道原来学生大多在完成老师布置的作业,预习或复习课程的教学内容。罗格斯大学使用了 Sakai 课程管理系统,所有的课程信息,包括教学大纲、教学要求等学生需在系统中登录后才能了解到。通常教授需要学生课前做大量的预习,如观看指定的影视作品、指定的图书资料等,而这些准备大部分需要在图书馆完成。

图书馆专业人员对工作非常熟悉,特别对在网络环境下的数字化、网络化图书资料建设和服务具有较深厚的素养。他们乐于服务,甘愿奉献,努力把图书馆打造成师生的温馨家园。

3. 几点感受

这次的体验虽然了解得不够深入,但给自己的心灵带来极大的震撼。西方国家的制度和文化虽然与我国存在较大的差距,但有些先进的理念、思路和工作方式很值得我们学习。美国是世界强国,表现在高等教育和人才培养的理念上非常超前。他们的图书馆当然也颇具特色,对我国的高等教育的发展也带来不少有益的启示。

(1)高校图书馆应以人为本,努力提升服务内涵

我国高校图书馆主要还是以管理为主,如何配合学校的教育理念,针对学校的特色教育配合做好服务是值得认真思考的问题。高校的根本任务是培养人才,而大学图书馆是育人的重要基地,因此图书馆应认真履行服务育人的职能,图书馆馆员应认真思考自己的角色定位,提升服务内涵,真正做到爱岗敬业,甘愿奉献。

(2)高校图书馆应拓展功能,努力营造轻松、愉悦的学习环境

我国高校图书馆大多比较正统、严肃,服务功能相对单一。应充分拓展学习空间,最大化地满足读者的需要;在当今数字化、网络化的环境下应尽力优化学习环境,更新理念,拓展高校图书馆的服务功能,使图书馆不仅仅成为学习者获取知识的重要基地,更应成为他们的温馨家园,成为他们交流思想、智慧碰撞、诞生灵感的场所。

(3)图书馆馆员应不断提升业务能力,提升综合素养

高校图书馆馆员应切实转变观念,不断提高自己的业务能力

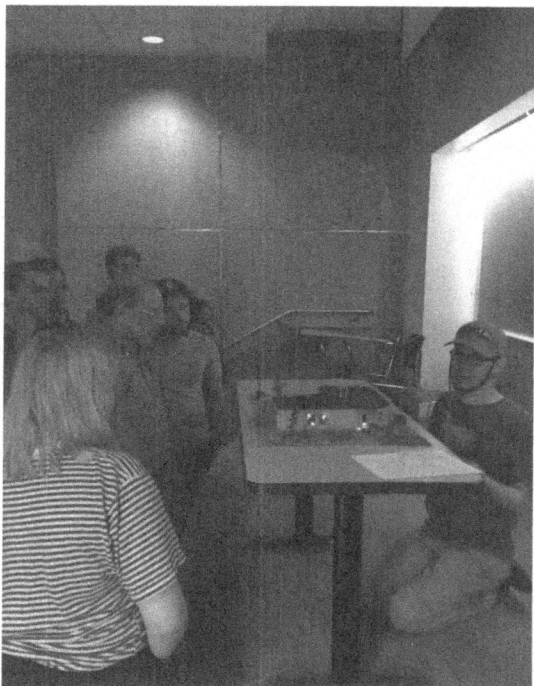

和综合素养;紧密跟踪我国高校的发展动态,并联系学校的发展实际,加强在职业务学习,了解图书馆的发展规划和主要岗位职责,在工作实践中不断探索与思考,培养各种能力;特别要思考在今天数字化、网络化时代如何更新知识,提升能力,更好地适应岗位要求,服务师生;深刻理解服务育人、爱岗敬业的内涵,更新观念,乐于奉献,这样才能提升自我综合素养,适应新时期高校发展的需求。

未来图书馆的新思路^①

【摘　要】随着高校教育和信息技术的飞速发展，大数据、云技术的利用，大学图书馆将面临新的机遇与挑战，出现复合图书馆、智慧图书馆、数据图书馆等三种新型的图书馆模式。在可预见的未来，图书馆更能发挥"大学心脏"的作用，更能推动高校教育事业的发展。

【关键词】未来图书馆；智慧图书馆；大数据开发利用；数据图书馆；复合图书馆

高校图书馆是支撑高校知识获取、知识利用、知识创新、知识管理的机构，随着高校教育和信息技术的飞速发展，大数据、云技术的利用，大学图书馆将面临新的机遇与挑战。为了服务各种不同学科专家、教授所需的数据获取、数据共享、数据重用、数据加值等，图书馆馆员必须重新定位自己，才能适应新时代的要求。数字、智慧、绿色发展将成为未来图书馆的发展战略，在可预见的未来，图书馆更能发挥"大学心脏"的作用，它是集传统图书馆（以纸质、实体图书为主）、大数据图书馆、复合图书馆、智慧图书馆

① 本文为浙江省教育厅一般课题"个性化主动服务移动图书馆智能终端创新探索研究"（项目编号 Y201635191）部分成果。发表于《科学与财富》，2018 年第 3 期。

（以网络移动图书、电子、高科技、虚拟图书为主）大服务于一体的实体与虚拟图书馆共生、共建、共享的服务体系。只有这样，才能更好地推动高校教育事业的发展，积极稳妥地向未来图书馆迈进。

1. 数据图书馆

大数据时代开启了新时代转型。大数据技术的出现，首先表现为大数据对人类认识世界的方式重新确立，其次大数据已经成为当今社会的知识基础结构，而在研究领域的日益拓展和知识的更新取决于人类对大数据的数据挖掘、共享、整合、分析及构建预测模型的能力。这一重大转型必将推动高校图书馆的事业迅速发展。

大数据技术的出现，将改变我们对数据的看法与认识。科学数据的存在极具价值，大数据更是将其赋予重要的意义，人们将通过大数据找到隐藏在大数据背后的世界。过去，中国技术驱动发展的方式取得了巨大的成就。数字技术的日益发展、科学社群的全球化，以及社会大众应对时代挑战的需求，是社会持续变革及开放科学研究的基础。

科学数据共享能力的提高，使得人类历史上第一次实现可以运用数据和相应的数据分析思想来解决人们共同关心的问题，反映了数字技术应用的核心价值。未来的新型图书馆，首先要求关键技术的研发创新。一是以数据分析技术为核心，加强人工智能、商业智能、机器学习等领域的理论研究和技术研发，夯实发展基础。二是加快非结构化数据处理技术、非关系型数据库管理技术、可视化技术等基础技术研发，并推动与云计算、物联网、移动互联网等技术的融合,形成较为成熟、可行的解决方案。三是面向大数据应用,加强网页搜索技术、知识计算搜索技术、知识库技术等核心技术的研发,开发出高质量的单项技术产品,并与数据处理技术相结合,为实现未来新型图书馆智能服务提供技术体系支撑。毫无疑问,大数据技术是高校图书馆领域无法逃避的智能云技术发展形态,也为高校图书馆实现知识服务、智能服务模式的转变、知识服务流程的动态监测等业务需求提供了新的思路和解决方案。大数据技术的发展、成熟与应用也需要图书情报界的共同努力。

大数据是丰富的资源宝藏,随着科技的进步及读者对高校图书馆需求的逐步升级,大数据技术毫无疑问会应用于未来的高校图书馆系统中。首先,这项技术不仅有助于高校图书馆构建不同种类的知识服务及业务规划的风险模型,还适用于在高校图书馆日常业务分析中。其次,大数据还可以为高校图书馆构建全新的知识服务引擎提供必要的技术支撑,大数据技术会使信息资源更加灵活自如地通过网络及各种渠道提供给读者。大数据技术对高校图书馆的运用研究具有十分重要的现实意义。除此之外,数据获取早已成为科学领域、科学传播的重要组成部分,数据共享已在不同学科领域内形成各自的数字规范氛围,共享已成为跨学科、跨研究机构、跨国界联合的手段之一。数据共享的生态系统和基础设施,不仅仅是新型信息技术的应用,更重要的是法律法规的制度建设。数据重用的目的是最大限度地利用和挖掘数据的价值,数据重用改变了"做"科学的方式,而且改变了从事科学的主体。数据重用的价值应体现在数据可被视作一流的学术成果,为科研数据建立同行评审过程是进一步提高高质量数据产出的一种方法。数据加值与数据获取、数据共享、数据重用,不同于数据资产管理,数据加值需要可持续的商业模式作为长期提供服务的保障,保障数据获取和数据重用的公益性质,在此基础上有其他数据处理要求,则进行数据加值。对开发数据科学有重要意义,也为未来图书馆发展方向的探索提供了可行性要求。

2. 复合图书馆

文化素养的提高离不开"书—阅读—鉴赏书中知识"这一过程。新型图书馆工作人员毫无疑问将是提高国民素质、涵养的领头雁、导航员。国民阅读高潮必将为图书馆事业构建全新的知识服务技术支撑。大数据、智慧图书馆在对未来图书馆的运用研究中具有十分重要的现实意义。

复合图书馆的概念最早由英国图书馆学家苏顿(S. Suton)提出,在传统图书馆到数字图书馆的连续变化中,存在四种图书馆形态,即传统图书馆、自动化图书馆(智慧图书馆)、复合图书馆和数字图书馆。复合图书馆概念的提出,在人们对数字图书馆趋之若鹜、对传统图书馆却又绝不轻言放弃的今天,无疑具有积极的现实意义。这一概念的提出,再次驳斥了图书馆消亡论。

复合图书馆是集传统图书馆与数字图书馆的优点,运用数字图书馆的技术,跨越不同载体、不同区域,全球拓展与延伸图书馆服务功能,为信息用户提供更为广泛、全方位服务的一种图书馆存在形态。然而在当前乃至今后相当长的一段时期内,复合图书馆将是传统图书馆的主体形态和现实选择。只有确定复合图书馆的发展思路,实现传统图书馆与复合图书馆的优势互补、共建共享,未来图书馆才能更好地适应信息化社会的发展和需求。

3. 智慧图书馆

智慧图书馆是地道的舶来品,始于 20 世纪 70 年代的英国。智慧图书馆的概念随着新信息技术而产生,且代表现行图书馆未来的发展方向,目前对智慧图书馆的定义还比较模糊,没有一个标准定义。综合国内外专家学者的观点,大家普遍认为,智慧图书馆是由人、资源、空间三要素构成的,它以人为核心,以技术为基础,具有全面感知、互联、互通、绿色发展、智慧服务与管理等特征。理念性的图书馆智慧服务实质就是图书馆的人文智慧。印度图书馆学专家阮冈纳赞曾说:"图书馆是一个生长着的有机体。"明确图书馆的核心定位就是开发人的智慧、陶冶人的情操、启迪人的心灵,最大限度地满足人们日益增长的精神文化需求,使人们能够充分利用自己的智慧更好地服务社会,创造更多的物质财富和精神财富,使人类社会更加文明、和谐、昌盛。如今,我国有许多图书馆学术界专家对智慧图书馆的初期研究体现了对信息技术的敏感性、前瞻性。智慧图书馆将成为新型图书馆创新发展、转型发展、可持续发展的新实践,未来图书馆将迎来智慧图书馆新模式。

早在 2005 年,上海图书馆率先开展手机移动图书馆服务,电子图书、虚拟图书、数据图书应运而生,未来图书馆将取代现行图书馆已是时代潮流。目前全球的智慧图书馆尚处于起步阶段,无论是理论研究还是实践探索都有待深化、开拓。英国国家图书馆于 2011 年 6 月在伦敦召开新闻发布会,公布了该馆与 Google 达成了历史文献数字化协议,这一举措将推动英国国家图书馆迈入数字图书、智慧图书馆应用时代,从而推动传统图书馆的转型变革。2010年以来,国内许多图书馆学者专家从广义出发,认为智慧图书馆是一种更智慧的方法,通过利用新一代信息技术改变用户和传统图书馆系统信息资源相互交互的方式,以便增强交互的明确性、灵活性和提高响应速度,从而实现智慧化服务和管理的图书馆模式。智慧图书馆综合了感知智慧和数字图书馆服务智慧化。总之,智慧图书馆的特征明显,数字化、网络化、智能化是智慧图书馆的信息技术基础,人与物的互通是智慧图书馆的核心要素,以人为本、绿色发展、满意读者是智慧图书馆的灵魂与精髓。智慧图书馆就是对传统图书馆走向未来科学发展的战略认知和明智应对的具体方法。智慧图书馆应运而生,对于传统图书馆而言,无疑是一场发展理念创新、服务技术提升、管理形态转型的革命。

4. 结语

笔者大胆设想,未来图书馆的整体构思将是一个集传统图书馆(以纸质、实体图书为主)、大数据图书馆、复合图书馆、智慧图书馆(以网络移动图书、电子、高科技、虚拟图书为主)大服务于一体的实体与虚拟图书馆共生、共建、共享的服务体系。当读者走进图书馆,无论是实体图书馆还是虚拟图书馆,都会进行身份识别。

图书馆服务器通过计算机程序,根据读者需求爱好等要素进行信息分析。在此基础上,未来图书馆智能机器人为读者提供一个个性定制服务App,读者通过自带数字化设备可及时了解全部个人历史的、当下的文献信息及全球最前沿的科学理论。

根据个人需求筛选各学科及咨询信息的最新馆藏变化、国内外相关学科发展及信息分析数据等,读者可以通过未来图书馆该馆服务器 App 进入最前沿、最完整的图书馆个性服务平台,也可委托图书馆导航员协作定制读者个人图书馆,对接咨询的学科馆员应为读者提供量身定制的导航,图书馆导航人员需做到有求必应,有问必答。

　　未来图书馆将更多地通过读者的自主行为掌握未来图书馆的使用,形成"图书馆—读者"阅读、查询等必经程序。未来图书馆通过 App 提示的方式在指定时间、窗口通过文献存储中心机器人辅助完成实体馆藏文献的借阅。未来图书馆在接待读者的同时,将图书馆相关元素的数据访问接口全部提供在未来图书馆App 上,读者可通过图书馆 App 来检索并使用对文献资源查阅及服务预约等功能。未来图书馆将不仅仅在传统图书馆封闭的区域中提供服务,其服务对象也不仅仅是特定的读者。

参考文献

[1] Council of the European union. Open science [EB/OL]. (2015-12-16)[2016-08-10]. http://cordis. europa. eu/fp7/ict/e-infrastructure/docs/hlg-sdi-report. pdf.

[2] Silva D. Internet has only just begun, say founders. [EB/OL]. (2009-04-22)[2016-08-10]. http://phys. org/news159644537. html#jCp.

[3] 顾立平. 数据治理——图书馆事业的发展机遇[J]. 中国图书馆学报,2016,42(5):40-56.

[4] 谢薛芬,白荣妙. 大数据时代的高校图书馆创新浅谈[J]. 锦绣

杂志,2015(10):66.

[5] 王珩.高校智库建设的理论与实践思考[J].图书馆论坛,
2015,37(10):7-13.

[6] 杨卫东,郭玮.未来图书馆发展趋势探讨[J].图书馆建设,
2004(2):15-16,21.